ありのままの自分で‥

今ここを生きる

岸見一郎

※活在此刻，做真實的自己※

UPWARD
BODY · MIND · SPIRIT

身、心、靈，
全面向上提昇！讓自己更好！

變老的勇氣

老いる勇気｜きしみ いちろう

岸見一郎

王蘊潔 譯

推薦序——

跟熟年生活和解

新保關懷社會福利基金會
新光銀行文教基金會副執行長　**湯傑郎**

常常聽人說起，身邊長輩在退休後沒多久，身心狀態就大幅退化，性情古怪，教人不易親近。

有些可能有認知症的疑慮，但絕大多數恐怕是因為「退休」，特別是男性，常年在工作職場，一旦退下，失去的恐怕不只是一份收入而已。

持續工作，對於銀髮者的人際關係、社會參與、自我認同等都發生影響，降低社會負擔，甚至醫療支出。這也間接說明，為什麼近年銀髮再就業的討論會持續發酵的原因。

可惜的是，目前倡議的聲量仍然不足，除了相關勞動法規需要調整，這個族群的心理準備，恐怕更是關鍵。退休前後，如何面對與走出「挫折、失落、沒面子」的情緒，這實在是各界在推動社區關懷據點、銀髮俱樂部甚至長照C級據點時，應該多加思索的，而這，正是這本《變老的勇氣》最要處理的。

有趣的是，對比美國AARP CEO JoAnn Jenkins在《Disrupting Aging》的看法，「the 50 is new 50」這跟本書作者岸見先生「不必在意他人的評價，充分體會學習的樂趣」實在異曲同工。「人生就是目標」、「生命就是改變現狀、向前邁進就是進化」。運用阿德勒心理學的觀點，引領準退休、已退休的銀髮族鼓舞自己、活化自己，相信在閱讀的過程，每個讀者都能像《奧德賽》（odyssey）裡的尤里西斯，經歷不安漂流、內心質疑，最終回到故鄉安頓自己。

也或許當我們放下對生產力的迷思，轉成對他人的貢獻，那麼在退休的那一刻，我們才能跟接下來的熟年生活和解，然後自在、成功老化，積極體驗人生。

推薦序——

把握當下，就能讓你勇敢變老

律師娘 **林靜如**

前一陣子，我跟先生去參加了大學同學的告別式，四十歲的我們，第一次覺得，死亡靠我們這麼近，以平均壽命來說，我們如果沒有因為意外離世的話，這裡將是我們人生的中途點。

有人會說，這個年紀是從上坡折返，即將開始下坡。的確，我明確感覺到體力的下降，我和我的伴侶，也開始有一些所謂進入熟齡的病痛，身邊的人漸漸都是比自己年輕的夥伴，想法比我們新，頭腦甚至比我們聰明，所謂的中年危機，似乎迫在眉睫，逼得你非接受、非面對不可。

我必須承認，這種面對變老的感覺，是讓人不安的，讓人恐懼的，甚至你老是會想著，你突然走掉怎麼辦？你的伴侶突然走掉怎麼辦？

變老，似乎是人人都不喜歡，卻都不能逃避的事情。

《變老的勇氣》一書的作者告訴我們：「沒有關係！」這一切你慢慢都會找到答案。

年輕的時候，我們自以為能夠掌握一切，我們懷抱著夢想，並認為自己很可能會實現，然而，走到人生的中途點，你開始懷疑，有些事情你還來得及完成嗎？有些遺憾，你還來得及彌補嗎？怎麼樣才能讓自己的老年充滿喜悅，不再擔憂呢？

有句話說：「朝聞道，夕死可矣！」我認為，如果在變老的當下，你能用足夠成熟的心態，去面對人生的後半途，就有很高的機會，有著美好的老年生活。甚至很多心情，是變老才能擁有的，因為你會更懂得珍惜，更懂得細細品嚐，你知道，你的時間有限，不能夠再蹉跎。

所以，即使深刻體會到自己開始變老，還是要有自己的夢想、自己的目標，因為你了解，當你不再有期待，你的生命才開始停止延續。

回想過去，你一定覺得自己有許多處理得不夠完美的地方，你是否能夠接受那就是自己的本命？認識自己的本命後，在往後的人生裡，你是否能用新的態度去面對，走出不同的格局？這是對自我的挑戰，也是對生命的挑戰，只有這樣，你才能夠找到屬於自己，他人奪不走的幸福。

活著，本身就應該是一件快樂的事情，因為你可以探尋、可以冒險、可以感受，一旦停止呼吸，這一切都歸零。而就因為生命是有限的，所以在有限的生命裡，每個你遇到的人都是有意義的，每道你品嚐到的酸甜苦辣，都是有價值的，因為你沒有太多的機會再重來。

但是，你卻可以繼續創造人生的下半部，而且過去犯的錯，你有機會不再犯，過去的遺憾，你甚至可以用新的方式來彌補，你可以學以前沒時間學的，做以前來不及做的，少了很多羈絆，最重要的是，通常此時，你開始不在乎別人的評價，只想在倒數的時間裡，做自己。

而這些都來自本書作者所說的「熱情」。有了熱情，你才能克服生理上的衰老，持續不懈，做自己想做的事，你會發現，你一天比一天美好，一天比一天快樂，因為你的價值由你自己來決定。所以你確信，在闔上眼睛的哪一刻，你可以肯定自己、超越自己，你會感謝自己的生命曾經存在過，即使有時候是在病痛中、難過傷心中或是徬徨中，但你知道，這些都是你對人生的體驗，而且稍縱即逝，但在愛你的人心中，你會成為他生命中的回憶，你們會是彼此的印記。所以，記得，要珍惜愛你與你愛的人，把握當下，就能讓你勇敢變老。

繁體中文版作者序——

活著，就是幸福

每個人都必須面對逐漸變老的現實。

年輕時，無法理解變老到底是怎麼一回事。但是，我們開始面對父母漸漸年邁，自己也逐漸變老的現實，無論父母還是自己都和年輕時不同，越來越沒有能力做以前能夠做到的事。

於是，我們很容易對變老這件事產生負面印象。

有些人明明目前還很健康，卻很擔心以後身體會失去自由，會臥床不起；有些人覺得一旦發生那種狀況，自己不打算接受只為了延長生命的治療，甚至有許多人希望自己在臥病在床之前，就可以死得很乾脆。那些不願意只為了延長生命而接受治療的人，並不是想要從病痛中獲得解脫，或是基於信仰的理由放棄治療，而是不願意給家人添麻煩。

雖然我不太清楚這是否屬於日本傳統的想法，但我在本書中強調，我們不妨從正面的角度認識變老這件事，同時，在照護年邁的父母時，也必須牢記這件事。

我們往往會基於兩個原因，認為變老是一件負面的事。

首先，我們經常認為變老就意味著衰弱和退化，但我認為不必覺得變老就是退化，而應該視為是一種變化。的確，隨著年華老去，漸漸無法做到年輕時可以輕鬆完成的事。但是，只要不認為這是退化，而是一種變化，就不會從否定的角度去看待變化這件事，也就可以有不同的認識。以季節來比喻，日本的季節從春季漸漸進入夏季，然後邁向秋季，又慢慢迎接冬季的到來。不同的季節有各自的優點，無法和其他季節進行比較。同樣地，老年和青年相比，並沒有比較差。

其次，我們往往會把成功當成是人生目標。對一直以成功為人生目標的人來說，變老當然會對成功造成威脅。對許多人來說，成功就意味著幸福，但是，成功並不能為人帶來幸福，相反地，成功和幸福並沒有任何關係。

日本的哲學家三木清曾經說過：「幸福攸關存在，成功攸關過程。」（《人生論筆記》）

想要追求成功，就必須達到某些目標。比方說，考進知名的大學，或是進入一流企業工作。既然幸福是一種存在，就不需要為了幸福而完成某些目標，只要生在此時此地，就已經是幸福的狀態。只要能夠這麼想，人在任何時候都可以幸福。即使年華老去，已經無力做任何事，也不會對自己的幸福有任何影響。

不妨在有這種認識的基礎上，接受自己和年輕時不同，無法再做到很多事的現實。

阿德勒曾經說：「重要的並不是得到什麼，而是如何運用自己得到的東西。」（《神經症問題：病例史手冊》）

即使無法再像年輕時那樣有能力做很多事，但還有力所能及的事。只要不放棄，「力所能及的事」其實比想像中更多。發現「力所能及的事」，並付諸行動，可以讓我們在變老之後，仍然自由地生活。進一步而言，即使有一天失去了所有的能力，也開始遺忘過去的事、前一刻才發生的事，仍然無損於自己的價值。我在書中也強調，不能用生產力來衡量一個人的價值。人只要活在世上，就可以對他人有所貢獻，活著本身就具有價值。

我希望目前身體健康的人也必須充分瞭解這一點。當認為自己活著就有價值時，也會感謝年邁的父母還陪伴在我們身邊。我曾經在演講時談到這件事，有一位聽眾對我說，真希望能夠更早瞭解人活在世上就有價值這個觀念。這位聽眾的父親以前是銀行職員，是社會菁英，八十多歲時因為腦梗塞昏倒，導致半身不遂。

「我已經變成這樣，根本沒有活著的價值，讓我死了算了。」

他的父親整天對他們兄弟姊妹說這種話，但當時他不知道該如何回答。他對我說：「如果是現在，我就可以告訴父親，只要他活著，就讓我們感激不盡。」

雖然我在本書中主要討論變老的問題，但希望讀者在閱讀本書的過程中，除了思考自己變老，和照護父母的問題以外，也能夠思考如何好好過自己的人生。如果能夠讓更多台灣讀者有機會看這本書，將是我莫大的榮幸。

岸見一郎

二〇一八年八月

目錄

第一章

人生，下坡路段最精采！

第二章

跨越「但是……」的障礙

第三章

「活著」就對他人有益

第四章

珍惜「眼前」與「當下」

第五章

執著也沒什麼不好

第六章

不是「大人」，就無法照護父母

第七章 「做不到」的勇氣

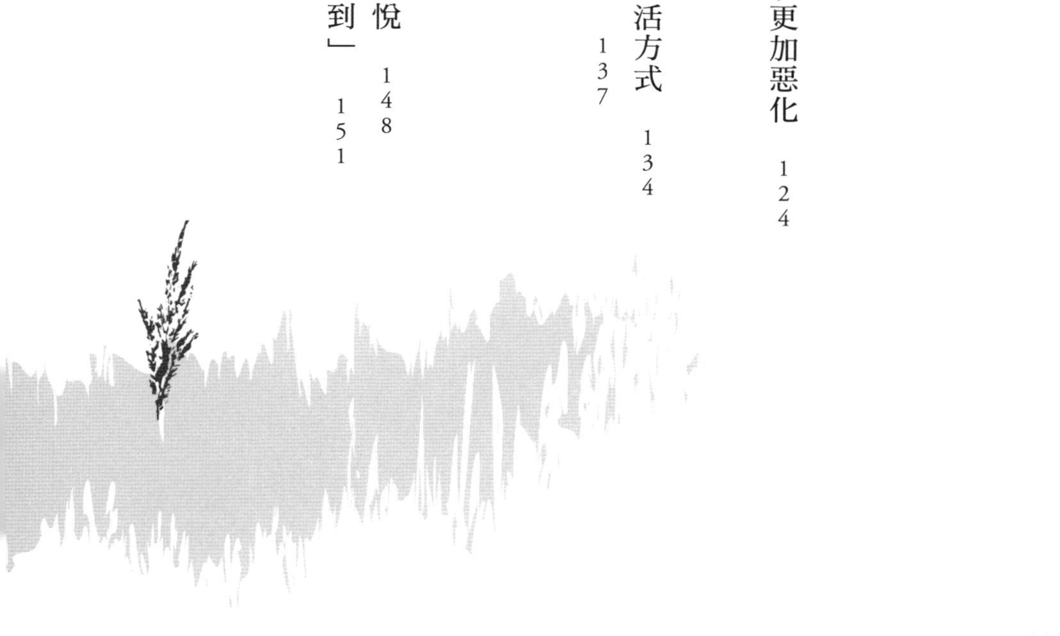

第八章

以「我們」為主詞思考

第九章

將「年老的幸福」傳遞給下一代

第一章

人生，下坡路段最精采！

活著，就是年歲增長

每個人的年紀都在增加，每年都會長一歲。有些人哀嘆，不希望歲數增加，越來越老，卻又希望長生不老，這兩者無法並存。

活著，就是年歲增長，也是身體逐漸發生變化。**年輕時，這種變化是「成長」，但曾幾何時，開始覺得這種變化是「衰老」**——很多人都是因此意識到自己邁向年老。

在我牙齒出問題時，第一次感覺到自己老了。俗話說，女人每生一個孩子就會掉一顆牙齒，我已經連續掉了好幾次，每寫一本書，也會掉一顆牙齒。

年輕時，當然不會有這種情況。如今經歷了極度消耗體力後，牙齒掉落的經驗，讓我意識到自己漸漸走向年老。

掉牙齒會對日常生活產生很大的影響。因為無法順利咀嚼，所以就會影響日常的飲食。如果需要治療，就必須忍受疼痛。掉牙齒也會影響容貌，少了一顆牙，嘴巴看起來的感覺很不一樣，就會露出老態。

因為我之前從來不曾為牙齒問題傷神或是煩惱，當需要裝假牙時，覺得自己真的老了，忍不住有點沮喪。

除了牙齒問題，我還發現視力也衰退了。視力即使衰退，也不痛不癢，更不會影響外貌，所以不至於像掉牙齒那麼令人沮喪。但我因為工作關係，從早到晚都要看書，或是看著電腦寫稿，對我來說，視力問題是攸關死活的問題。我每天必須和文字打交道，卻因為老花而無法閱讀，這無疑也對我造成了很大的衝擊。

身體機能衰退是不可逆的現象。當然，以當今的醫療技術，可以在某種程度上減輕自訴症狀，也可以延緩身體機能的衰退，但還是無法完全恢復原狀。

如何接受再也無法恢復原狀的現實？在思考年華老去這件事，在面對疾病時，這個問題都是「重要」的課題。不要怨嘆，也不要逃避現實，而是要思考該如何與「眼前」、「當下」的自己相處。

你想回到十八歲嗎？

人為什麼會為年華老去怨嘆？

通常認為，年老就是「逐漸衰退」。正因為如此，親眼看到衰退的證據時，難免很受打擊。如果將年輕時代視為人生的巔峰，年老就是一路滾落下坡道，漸漸失去一切。年老總是讓人有這樣的印象。

年老的確會讓人失去很多，但年老後的人生未必全都是負面的事。

有一個名叫《縱貫日本的心靈之旅》綜藝節目，由男演員火野正平先生騎著腳踏車，在日本各地旅行。這個節目中的金句就是

「人生的下坡路段最精采！」

騎腳踏車時，上坡路段很吃力。但是，騎到上坡的盡頭，就一定有下坡路段。迎著風，騎下坡道的感覺爽快無比。人生路上，年輕時背負了夢想、目標、野心和焦躁等許多東西，用盡渾身的力氣拚命踩踏板。到了一定的年紀，想到「以後可以放下肩上的重擔，輕鬆享受了！」就會發現人生後半段的風景完全不一樣。

據說「老」這個字的象形文字，是一個駝背長髮老人拄拐杖的樣子。但是，在江戶時代，有名為「老中」的官職，中文的「老師」也完全沒有負面的意思，無論是「老中」還是「老師」，大家注意的焦點不是外形、外貌，而是集中在那個人累積的知識和經驗。

「如果可以回到十八歲，你想變回十八歲嗎？」

心理諮商時，經常問這個問題。照鏡子時，可以看到年輕的自己充滿活力，精力旺盛，熬夜也完全不在話下——但是，五、六十歲的人幾乎都會回答：「不想回到十八歲。」他們通常認為，如果可以帶著目前的知識和經驗，回到十八歲也無妨，但如果一切都要重來，就不願意回去。

人生路上，不可能都是美好的事，每個人應該都經歷過痛苦的經驗和不愉快的回憶。但是，包括這一切在內，五、六十歲的人都不願放棄自己一路走來的足跡、累積的一切。雖然年老就意味著為衰老這件事嘆息，但並不是只要年輕就好，也有人並不認為自己年輕時的狀態最理想。

我也有同感。如果一切重來，回到年輕的時候，那我就必須從頭開始學年輕時讓我費盡心血、苦不堪言的希臘文。

有一句成語叫做「韋編三絕」，當年為了讀希臘哲學的原文古書，我真的翻爛了三本字典。每次翻爛一本字典，就只好再買新的，結果前後買了三本。正因為我當年曾經苦讀，現在才能翻譯希臘哲學的巨著。**有很多事是因為年輕時持續努力，到了這個年紀，才有辦法完成。**

還沒開始就「做不到」是謊言

我在六十歲時開始學韓文。因為我經常去韓國演講。因為學習多年，我能看懂希臘文、英文、德文、法文等歐美語言，但以前從來沒有機會學過亞洲的語言，所以我從零開始學習韓文。現在已經能夠跟著韓國籍老師閱讀書籍，但仍然會犯一些低級的錯誤。如果回到年輕時代，就像在學語言時會犯低級錯誤一樣，會在很多事上犯錯、失敗，深刻體會到自己的無知和缺乏經驗。

學習新事物本身是令人興奮的愉快經驗。學習過程難免有痛苦，但其實不需要放棄至今為止累積的一切，就可以回到年輕時代。那就是「模擬體驗」年輕。

任何人都可以嘗試「模擬體驗」年輕，不需要特別的才華或資質，只需要少許挑戰精神。借用奧地利的精神醫師、心理學家阿爾弗雷德·阿德勒的話，就是具備**「不完美的勇氣」**。

有些人有機會挑戰新事物，卻用各種理由推託，說自己「沒辦法」、「做不到」。有人說自己記性比年輕時差多了；有人覺得太難了，無法理解；也有人說自己體力不好。只有一大把時間……

但是，其實不可能做不到。只要像讀高中時那麼努力，即使從頭學習一種全新的語言，也完全有可能學會。**但因為無法接受不完美的自己，或是不願接受不完美的自己，所以在開始做之前，就認**

定自己「做不到」。

阿德勒說的不完美，並不是指人格不完美，而是新學習的知識和技術的不完美。一旦開始學習新的事，就會馬上看到「不會」的自己。因為以前沒學過，「不會」是理所當然。但是，**接受「不會」的自己，才有辦法「學會」。**

有一次，我在演講中提到自己開始學韓文，一位七十多歲的男性在演講結束後叫住了我。他告訴我，他從六十四歲開始學中文，目前從事翻譯導遊的工作。他鼓勵我：「無論活到幾歲，隨時可以開始學新事物。」

我學韓文才兩年，學習資歷尚淺，但現在已經看得懂韓文書了。

去年，我受韓國全國性的報紙《朝鮮日報》的邀請，用韓文寫了一篇簡短的書評。雖然寫完之後，曾經請老師幫我修改，也因為能力不足，無法盡情地寫下自己的想法，但寫完之後，還是很有成就感。

我打算在學韓文之後，再學中文。去年有機會去台灣演講，當時稍微學了幾句中文，讓我產生了興趣。

年輕時的學習經常被迫和他人競爭，或是必須有結果。然而，到了目前這個年紀，就不會在意別人的評價或是評論，可以充分感受學習的快樂。可以說，這正是年老的特權。

年歲增長，對事物才能深入瞭解

我花了四年的時間，翻譯了柏拉圖的《蒂邁歐篇》。二〇一五年，在我五十九歲那一年，這本書終於順利出版。如果在年輕時翻譯這本書，或許會希望獲得大學的肯定，為求職加分。但是，現在可以不考慮這些事，花好幾年的時間完成這項艱難的工作，令我感到極大的幸福。

在柏拉圖的著作中，《蒂邁歐篇》是在歐洲國家最廣泛閱讀的作品，但日本已經有四十多年沒有推出新譯本，所以很難買到。

我希望除了專家以外，有更多人可以閱讀這部重要的著作，所以開始著手翻譯，但我已經超過十年沒有碰希臘文。即使有這麼長時間的空檔，我非但沒有忘記，閱讀原文時，反而比年輕時更順暢。

雖然我至今仍然認為希臘文很難，但也許是拜人生經驗所賜，**現在比年輕時更能夠深入瞭解書上所寫的內容。**

在沒有碰希臘文的那段時間，我學習了阿德勒心理學，應該也有助於我更加深入理解。那並不是直接的幫助，而是提供了一種輔助。就好像在解幾何習題時，一旦有了輔助線，就可以清楚看到之前看不到的形狀；學習阿德勒心理學，以及各種人生經驗的累積，加深了我對哲學的理解。

精神科醫師神谷美惠子在日記中寫道，「能夠充分運用所有過去的經驗和學習的知識，並加以整合，是多麼令人感動。我每天都會思考這件事，每次思考，都會充滿深深的喜悅。」（神谷美惠子《神谷美惠子日記》）

能夠運用至今為止的人生中，自己所學的知識、自己的經驗和累積的所有一切表達某些東西。不必在意他人的評價，充分體會學習的快樂。而且，對事物能夠比年輕時更加深入理解——這正是年老這件事積極的一面，也是年老的優點。

我年輕時曾經在學生管弦樂團吹法國號。現在的技術雖然不及當年，但如果有演奏的機會，我相信只要稍微練習一下，應該可以吹得比年輕時更出色。因為即使我有很長一段時間不曾再吹過法國號，但持續聽音樂，對音樂的理解和年輕時完全不一樣。

只要能夠發現年老的價值，後半生應該會更快樂。為了實際體會年老這件事積極的一面，不妨重拾年輕時曾經做過的事。也可以挑戰以前一直想做，卻遲遲沒有機會做的事，甚至可以踏入一個全新的世界。

也可以重拾年輕時看了感到費解的書，或是拿起一直放在書架上，打算以後再看的書。我相信重新看這些書，一定會有不同的感受，也會有很多全新的發現。

第二章

跨越「但是……」的障礙

不要「向上」，而是以「向前」爲目標

這個世界上，有些東西運用得宜與否，既可以成為良藥，也會變成毒藥。「欲望」就是其中之一。金錢、朋友、地位和頭銜。想要大量擁有的欲望，會帶來名為「不安」的副作用。因為一旦擁有，不僅想要擁有更多，更會擔心失去已經擁有的東西。即使因為擁有某些東西而得到了幸福，這種幸福也無法長久持續。

相反地，有些人「上了年紀之後，就沒有任何欲望」。這種無欲有時候會讓一個人變得無精打采，做什麼事都提不起勁。這些無欲引起的併發症，會加速身體的衰老。人生路上，持續擁有熱情很重要。所謂熱情，也可以說是目標、夢想，或者說是生命的意義。

日本的文化認為淡泊的境界是一種美德，但熱情不能淡泊。阿德勒曾經說，「人生就是邁向目標」，生命就是「進化」。

無論活到幾歲，都可以進化，但必須注意一件事，那就是必須明確要向哪個方向進化。

阿德勒所說的進化，不是指向上進化，而是「向前」進化。也就是說，**不是和他人比較，用「上或下」的標準來衡量，而是為了改變現狀，向前踏出一步。**

除了挑戰新事物，默默地持續做之前一直做的事，努力發揮小創意，為日常生活增色，也是重要的「一步」。

不以「向上」為目標，而是「向前進」。這也許並不如想像中那麼容易，尤其年輕的時候，為了和他人競爭，很容易陷入「自己必須更優秀」的想法。

希望比現在的自己更優秀，並為此努力不懈，這種努力很健全，但不需要和他人競爭，或是和別人比輸贏。不必為了輸贏或是在意他人的評價而汲汲營營，而是要充分體會今天做到了昨天還無法做到的事。

和昨天的自己相比，或許無法感受到太大的變化。不妨回想一下半年前，或是一年前的自己。無論選擇任何事，無論從幾歲開始，只要腳踏實地持續，一定可以感受到明確的變化。

借用阿德勒的話，這就是**「追求健全的優越性」**。在自己身上發現這樣的變化令人欣慰，也能夠為人生帶來年輕的活力。

但是，在我們周遭，充斥著和他人比較，一較上下的標準。如果不是有意識地擺脫這種標準，就會陷入「輸了」或是「贏了」之類的自我診斷。

首先，要意識到自己會不自覺地和他人比較，只要不再和他人比較，心情就會變得比較輕鬆。

不要「扣分」，而是用「加分」過日子

有時候，雖然感受到自己有明確的變化，感受到自己在前進，卻無法感到欣慰，反而放棄了夢想和目標。

「扣分」思考就是造成這種情況的原因，會讓人覺得現在的自己和理想的自己相去甚遠，不斷給自己扣分。

「扣分」思考會大大影響動力。我學韓文已經兩年，如果我把「不需要透過翻譯，就可以用韓文演講」視為理想狀態，用扣分法評價自己目前的實力，每天快樂的學習就立刻變成一種折磨。因此，**除了不要和他人比較，避免和理想中的自己比較**也很重要。

以前我只能在演講開始時用韓文打招呼，最多只能自我介紹一下，現在可以用韓文和別人稍微聊幾句。雖然離不需要借助翻譯，自己用韓文演講的程度還差得很遠，但即使只有微小的進步，也要

將焦點集中在進步的部分。要做到阿德勒提出的「追求健全的優秀性」，就**不能著眼於和理想的差距，用扣分的方式評價自己，而是要用加分的方式評價自己的進步**。

從這個角度有意識地尋找，就會發現自己有很多值得加分的地方。當然，也有很多做不到的事。尤其隨著年齡的增加，身體機能的衰退越來越明顯，就很容易注意到這些不如意的地方，就會為自己的價值扣分。

以前健步如飛，最近只要稍微走一小段路，就很容易疲累。膝蓋很痛，沒辦法走路。膝蓋和腰都很痛，自己越來越不中用。這些都是「扣分」思考。

這是將曾經年輕、精力旺盛、充滿活力的「以前的自己」視為理想狀態，然後用扣分的方式看待現在的自己。但是，即使無法像以前那樣健步如飛，無法走很長的距離，持續散步的習慣，或許可以結交到一起散步的朋友；即使走路的速度變慢了，放慢腳步，反而能夠敏感地感受到以前不曾發現的路旁花草，嗅聞到一年四季不同的氣味。只要稍微改變看問題的角度，就一定會發現很多「力所能及」的事。

我在五十歲時因為心肌梗塞病倒，不得不住院一個月。一年後，又接受了冠狀動脈繞道手術。但最近即使接受這種需要全身麻醉，讓心臟停止跳動，使用人工心肺機的手術，回到病房之後，就會立刻開始復健。

首先坐在病床上，走到床邊的椅子，確認脈搏和血壓等生命徵象。因為剛動完手術，光做這件簡單的事就很吃力。

但是，在手術第三天走去護理站時，發現腳步穩健得出乎意料。之後，就會逐漸增加走路的距離，當可以走較長的距離後，就開始走樓梯。復健期間，就是不斷累積「今天完成了昨天做不到的事」。

這並不是和其他動相同手術的病人競爭，復健不需要和別人比較，可以用加分法追求「健全的優越性」。**即使不和別人比較，每天的一小步成為巨大的喜悅，也可以感受到這種喜悅成為鼓勵，激發了生命的熱情。**

「但是」是否成爲你的口頭禪？

「我可以跑馬拉松嗎？」

即將出院的某一天，我問我的主治醫生。

「你可以試試啊。」

主治醫生的回答出乎我的意料。

令我意外的是，我原本以為自己剛接受完繞道手術，根本不可能跑馬拉松。所以，千萬不要認定自己「應該」不行，「一定」做不到。主治醫生用實際行動告訴我，試著認為「也許可以做到」的想法很重要。

很多人即使沒有生病，是否因為覺得自己老了，所以放棄了很多事？

阿德勒說，**「任何人都可以完成任何事」**。雖然也會有做不到的事，但任何事都值得挑戰，不要還沒做就放棄。「也許我可以做到」，不妨相信自己的可能性，首先踏出第一步，也許就能夠出乎意料地完成。

那些總是把「以後再說」、「改天再試試」掛在嘴上的人，其實和那些說「不不不，我做不到」的人沒什麼兩樣，這兩種人都缺乏勇氣、畏首畏尾。有些人聽到別人提議「要不要試試看？」時，會回答「好啊，但是……」（Yes...but），這並不是在猶豫該不該做，而是在宣布「我不要」。

無法跨越「但是」的障礙，就無法前進。

我曾經在心理諮商時，計算過對方在談話過程中說了幾次「但是」。雖然在「但是」之後說的話——十之八九都是辯解，但我並沒有因為這樣就否定對方，而是提醒對方：

「這是你今天第三次說『但是』。」

必須讓當事人瞭解，「但是」已經變成他的口頭禪。

不妨計算一下今天自己說了幾次「但是」，同時確認一下，自己針對哪些事說「但是」。當發現自己常常把「但是」掛在嘴上後，在「但是」即將脫口而出時，試著把話吞下去。然後，試著付諸行動。於是你會發現，自己竟然能夠做到。

不以生產力決定一個人的價值

回到復健的話題。

雖然在復健後，認為自己走路已經沒問題，但出院後，就會發現和現實之間的落差。走在路上，到處都有階梯，人行道也都有坡度。而且無法像醫院一樣，利用空調將氣溫和濕度控制在一定的水準，所以沒走幾步路，就感到疲累。

有時候，在醫院內認真復健的人在出院之後，發現自己無法再像住院前，或是生病前那樣，就很受打擊，陷入沮喪，放棄繼續復健。

醫院的環境很舒適，不光是因為在物理上創造了無障礙空間，更因為在住院期間，暫時擺脫了競爭，能夠專心面對自己的課題，只「追求優越性」，不必思考勝負成敗。這是住院期間的幸福。

既然這樣，就有一個解決之道。出院之後，讓自己仍然維持和住院時相同的狀態，**下定決心，從此不再和別人競爭。**用加分法，將焦點集中在自己「能夠做到」的事上，就可以在出院後，也持續感受到在住院期間體會的那種喜悅和幸福。

當今的時代，很多場合都會被問及生產力的大小，經常聽到以「生產力」衡量一個人價值的言論。在工作的場合，生產力的確很重要，但不能用生產力來衡量一個人的價值。

有些人生了病，或是上了年紀，無法再像以前一樣工作；也有人為無法再像以前那樣俐落、完美地做家事感到沮喪。但是，只要不把自我的價值建立在生產力上，無論到了幾歲，無論遇到任何狀況，都能夠認為自己具有價值。

我以前曾經每週一次，去精神科診所擔任日間護理工作。那一天的活動內容是和參加的人一起下廚做菜。

首先，由工作人員決定當天的菜單，然後要求「先去買食材」。在總共六十名參加者中，只有大約五個人會站起來。買完食材後，當工作人員要求「大家一起動手吧」，也只有大約十五個人參加，但完成之後，到了「可以開動了」的階段，所有人都圍了上來。

那個診所絕對不會責備不動手幫忙的人。有的人今天身體狀況不錯，所以能夠一起參與，但下週也許就沒辦法幫忙了；也有的人這個星期和下個星期都沒辦法幫忙。無論是否幫忙，都沒有關係。

除了購買食材、下廚做菜的人以外，什麼都沒做的人，吃得津津有味，也是對下廚的人有所貢獻。參與下廚做菜的人，也對沒有做任何事的人能夠享受一頓美食有所貢獻。

在那裡，並非要求「不勞動者不得食」，而是有能力工作的人，在有能力的時候工作；即使無法幫上任何忙，也不需要感到抱歉，這才是健全的社會。那家診所不責備沒有幫忙的人，而是讓有能力付出的人付出，正是健全社會的縮影。

充分運用目前自己力所能及的事，無論身處任何狀態，只要出現在那裡，只要好好活著，就是對他人的貢獻。一旦瞭解這一點，就不會再害怕年華老去，或是生病。

感受到對他人有所貢獻，可以帶來人生的幸福，成為生命的動力，幸福的基礎。下一章將深入討論這種「貢獻的感覺」。

第三章

「活著」就對他人有益

爲「早晨醒來」感到幸福

隨著年齡逐漸增長，就會面對身體機能的各種衰退。無論怎麼注重身體保養，都無法阻止身體「零件」的逐年劣化。有時候，肉眼看不到的衰老會引發嚴重的疾病，而且會突然出現在生命中，徹底打亂生活，成為人生中的大事。

我也曾經經歷過，所以知道生大病真的很痛苦。除了疾病帶來的痛苦、疼痛，以及各種不自由、不方便以外，最痛苦的是，「明天」的到來不再是一件理所當然的事。

我們都深信，今天結束之後，「明天」一定會來臨。就像串珠一樣連在一起，明天之後就是「未來」。

明天雖然還沒有來臨，但早晚都會出現——正因為我們這麼想，所以才會想像遙遠未來的事，「今年要去溫泉旅行」、「等孩子長大之後」、「等我退休之後」，這種想像也會讓心情變得開朗。

平時當然不會去想「也許自己沒有明天」這種事，但是，一旦生了大病，在「明天是今天的延續」這個前提下所描繪的未來，就突然煙消雲散了。

雖然今天真真切切地活著，但未必能夠迎接明天的陽光。明天終究會到來，但也許自己已經不在這個世界上。

「病人擱淺在無止境的岸邊。」

荷蘭的精神病理學家范・丹伯（Jan Hendrik van den Berg）在《病床心理學》（The Psychology of the Sickbed，中譯本書名為《病床邊的溫柔》）一書中這麼寫道。無止境的岸邊既沒有「昨天」之前的平靜時光，也沒有通往未來的「明天」，是極度孤獨的地方。

十二年前的黎明時分，四點左右，我被救護車送去了醫院。

「你是心肌梗塞，十個人中，有兩個人救不活。」

當時我六神無主，也許聽錯了，但如果我已經是無可救藥的狀態，醫生應該也不會對我說這些話，但得知自己身體的異狀有可能導致「死亡」，還是承受了很大的衝擊。

那一年，我五十歲，兒子剛進大學，女兒還在讀高中。也許我無法看到兒女的未來，原來死亡如此孤獨寂寞。我至今仍然清楚記得當時的感受。

幸好我撿回了一命，但是，當發現看到明天的太陽不再是理所當然的事，天黑之後，就不敢入睡。因為一旦閉上眼睛，陷入沉睡，也許就無法再醒來。我好像獨自在熄燈後的病房內，向死亡的深淵張望。

最後，我只能靠睡眠導入劑克服無法入眠的夜晚。雖然目前各方對服用睡眠導入劑有不同的意見，但如果我因為對死亡的恐懼和失眠而累壞自己，根本是賠了夫人又折兵，所以我很感謝醫生當時立刻為我處方了睡眠導入劑。

服用睡眠導入劑後，就好像關掉開關一樣，一下子就陷入沉睡。早晨醒來，就感到無比幸福。

「今天也醒來了，至少看到了今天的太陽！」

那是在生病之前，從來不曾體會過的喜悅。

雖然又多活了一天，但白天不能看書，也不能聽音樂，起初甚至不允許我自己翻身。

這種狀態到底要持續多久？自己什麼都不能做，只會給家人和周圍人添麻煩。在這種狀態下，活下去有意義嗎？當時，我忍不住這麼想。

我相信很多發生車禍而癱瘓的年輕人，以及需要別人在病榻前照顧的人，都曾經有過相同的想法。

我們很容易從「生產力」的角度，思考自己的價值和活著的意義。除了死亡的恐懼，更感受到極大的絕望，認為失能的自己是否失去了活著的意義和價值。

但是，有一天，我突然想到，如果不是我自己，而是重要的家人或是朋友像我這樣住院——

我一定會不顧一切趕到醫院，**無論家人或朋友的病情多麼嚴重，即使已經失去了意識，我都會覺得只要他活著，就值得感謝上蒼。**

所以，我這樣活著，也一定能夠為周圍的其他人帶來喜悅——

這麼想之後，我漸漸找回了平靜。

眼前、當下的力所能及之事

即使失去了能力，仍然無損於身為一個人的價值。要將這句話牢記在心，在面對自己老了、病了，或是年紀輕輕就遇到重大挫折時，都能夠發揮「邁出下一步的勇氣」，繼續向前走。

住院期間，醫生每天都會來巡一次房。因為醫生要看很多病人，所以只能透過短時間的診察，瞭解病人當天的身體狀況，以及患部的情況，但我的主治醫生每天都在診察之後，坐在我床邊的椅子上，和我聊哲學的事、音樂和書的事，而且每次一聊就聊很久。

不光是醫生，有些護理師得知我在做心理諮商，下了班之後，或是特地在休假的日子來病房找我諮商。

和醫生、護理師談話的時間，為我的「心靈預後」帶來了變化。我傾聽醫生和護理師的話，針對他們的需求，分享自己的知識和想法，對他們有所貢獻。於是我發現，即使病倒在床，「仍然有力所能及的事」、「仍然可以對他人有幫助」。

不久之後，我不再需要借助藥物，就可以安穩入睡。明天醒來之後，又會有人來找我，我也許可以幫助他。雖然可能無法看到明天的太陽，即使如此，我也能夠好好過今天這一天，為今天這一天好好活。

我忘了自己曾經在死亡的邊緣徘徊，也忘了有朝一日，死亡會降臨在自己身上，漸漸覺得「今天還活著」是一件多麼美好的事。

任何人都無法獨立生存，**對他人有幫助的「貢獻」是幸福的基礎，也是生命的動力**。當我們還「活著」，就代表自己在這個世界上還有未完成的事，所以，不妨思考一下，在自己目前所處的狀況下，是否有可以做到的事，就可以感受幸福。

即使不需要做什麼特別的事，即使無法做任何事也無妨。因為只要活著，就是對他人有所貢獻。因為即使完全需要別人照顧，也可以藉由被照顧，對照顧的人「覺得自己對別人有貢獻」做出貢獻。

在我生病期間，太太因為來醫院探視，每天都很晚才回家，就讀高中的女兒每天負責做晚餐。我年邁的父親原本整天鬱鬱寡歡，在我生病之後也突然變得很有精神，還說等我出院那一天，要開車來接我。

雖然家人為我擔心，但我也意外激發了家人的生命熱情，讓他們覺得對別人有貢獻。

幾年之後，當我照顧父親時，他對我說：

「因為有你在，所以我可以放心睡覺。」

那時候，父親幾乎整天睡覺，我幾乎無法為他做什麼，但父親讓我知道，我只要陪伴在他身旁，就是對他有所貢獻。

「如果可以在三年前，聽到這些話，不知道該有多好——」

曾經有人在演講結束後這麼對我說。這名聽眾的父親因為腦梗塞而病倒，之後因為後遺症，身體無法自由活動，對無法完全治好身體的麻痺感到絕望，很苦惱地說：「不如死了算了。」

其實，只要還活著，能夠和家人在一起，就可以為家人帶來極大的喜悅，不必因為身體無法自由活動，就認為自己活著沒有價值，失去了活著的意義。

「如果當時可以這麼對我爸爸說，我相信他的晚年會很不一樣。」

生病是「重生」的契機

一旦生病，起初滿腦子只想到自己，因為必須面對疼痛、痛苦、不安、對死亡的恐懼——根本無暇想到別人。

覺得自己對他人有貢獻，就代表意識已經轉到他人身上。這就是恢復的第一步。

一旦感覺到對他人有貢獻，就會再度發現，自己的人生和他人密切相關，也會從中發現幸福。

健康和幸福就像空氣，失去之後才會發現，自己是因為擁有健康，才能好好活著。無論之前沒有意識到自己幸福的人，或是認為自己不幸的人，一旦生病之後，就可以深切感受到自己昨天之前擁有的幸福。

重要的是，要在往後的人生中充分運用這個發現和經驗。**生病**

是重生的契機。

在我住院期間，有一位護理師對我說：

「雖然有些人即使生了病，一旦病好了，就覺得自己『得救了』，但希望你可以認為自己獲得了重生，繼續努力過日子。」

當時，我的身體還沒有完全康復，所以聽到「重生」這兩個字感到很新鮮。重生就是重新活一次，以生病為契機，活得比以前更好。

病好之後，只覺得自己「得救了」的人，在出院之後，就會繼續過和以前相同的生活。明明是因為太累導致身體出了狀況，卻仍然像以前一樣沒日沒夜地工作，也不改正影響健康的生活習慣。

這種人等於白白吃了生病的苦。我認為一旦生了病，就必須改變以往的生活方式。如果我當年沒有生病，生活方式也許會和現在大不相同。

因為生病，決定要「好好過日子」，或是因此改善生活方式時，就會很慶幸自己生了病。

思考生命的使用方法

如果可以無病無痛過一生，當然再好不過，但有些事，只有生過病之後才能體會。

那就是對人生的態度，發現日常生活中微不足道的幸福，並且心存感激。生病固然很痛苦，但必須充分運用生病的經驗，讓自己覺得「很慶幸生了這場病」。

但是，絕對不能對仍然臥病在床的人說什麼「幸虧你生了這場病」。病人生病時，面對看不到出口的糾葛，幾乎快被擊敗，說這種話等於是用銼刀去銼病人的心。

同時，也禁止對病人說什麼「你根本不必那麼擔心」、「我相信你很快就會好起來」這種毫無根據的樂觀預測，或是言不由衷的激勵話語。

「你好好寫書，因為書會留下來。」

當我的身體逐漸恢復，可以在病床上校稿時，主治醫生這麼對我說。我相信醫生通常不會對病人說這種話，因為病人可能會把那句話反向解讀為「因為你無法留下來」。

但是，醫生說的「書會留下來」這句話，明確告訴我，我的病不輕；同時也藉由「你好好寫書」這句話，讓我瞭解到，我的病情會逐漸恢復到可以寫書的程度。這位主治醫生充分瞭解，寫書對我多麼重要。

有一天，我在電視上看宮澤和史先生的演唱會時，聽到他問聽眾：

「我有歌，你們有什麼？」

我情不自禁回答：

「我有文字。」

即使對身體感到不安，即使身體不自由，我可以藉由寫書，傳達我的想法。無論在任何狀態下，都可以對他人有所貢獻。如今，我活了下來，充分運用自己所擁有的，用自己的方式貢獻。「你好好寫書，因為書會留下來。」這句話帶給我生命的勇氣和目標。

至今已經過了十多年，我的健康狀況出乎醫生的預料。雖然曾經遭遇過痛苦的事、不愉快的事，但仍然很慶幸自己活著。正因為活著，才會遭遇到這些不愉快的事，也可以從中獲得新的發現。

大病一場之後，我每年都寫好幾本書。這是有幸獲得重生的我肩負的使命，從今往後，在我有生之年，我還會繼續寫下去。

當然，我不知道自己可以寫到什麼時候。同時，我會牢記一件事，即使有一天無法再寫書，我也並不會因此失去價值。

第四章

珍惜「眼前」與「當下」

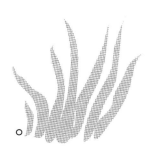

母親在病床上說「我想學德文」

無論到了幾歲，都希望可以健健康康——

這應該是所有人的心願。如果可以，任何人都不想生病，更不想得到會危及生命的疾病。

但是，一旦上了年紀，即使能夠克服疾病，即使根本沒有生病，未來的日子也所剩不多了。我的父親得了失智症，他在晚年曾經說：「無論怎麼想，都覺得以後的日子不多了。」聽到父親這麼說，我再次為能夠和父親相處的日子越來越短暫感到難過。

前面曾經提到，我在五十一歲時接受了冠狀動脈繞道手術。當時，醫生對我說：「你十年後，應該會再動一次手術。」但至今已經過了十二年，我並沒有再動手術。

目前我一切平安無事，但如果有人問我，是否覺得自己還可以活十年，或是二十年，我覺得應該很難。因為隨著年紀增長，血管會變細、變脆，所以我恐怕無法長壽。

這件事對我來說並不是太大的問題。因為我認為即使思考自己還可以活多久，或是為老來日子不多感到煩惱，也無法解決任何問題，所以毫無意義。

人往往在任何事上都會思考「效率」和「所剩時間的長度」。整天為如何在有限的時間內完成工作和家事煩惱，讓心靈變得很忙碌。也因為這個原因，速讀術和縮時食譜大行其道，大家也都在出門前搜尋到目的地的最短路徑。

一旦習以為常，就會變成習慣，上了年紀之後，就會不斷去想「自己再也做不到的事」，或是「自己還可以活幾年」。

為未來煩惱無法帶來任何創造。思考人生固然重要，但如果指計算人生剩下多少日子，整天想著人生會怎樣走向終點，這樣的生活不可能快樂。

我的母親因為腦梗塞病倒，幾乎無法動彈，她在病床上說：「我想學德文。」不久之後，她的意識漸漸模糊，無法繼續學德文後，她要求我朗讀小說給她聽。

「你以前讀書的時候，在暑假時說有一本書很好看，看得很投入，我還沒有看過那本書。」

那是杜斯妥耶夫斯基的《卡拉馬助夫兄弟們》。

我不知道母親是否知道自己來日不多，但通常生病之後，會覺得「目前的狀態根本做不到」、「再努力也是白費力氣」，因此放棄很多事。但母親即使在那種狀況下，即使無法預測未來，仍然想要學習，仍然沒有失去想要挑戰新事物的動力和熱情，令我驚嘆不已。

對於朗讀《卡拉馬助夫兄弟們》一事，我並非沒有遲疑。理由之一，就是因為書中有一段《新約聖經》的內容。

一粒麥子不落在地上死了，仍然是一粒。但若是這顆麥子死了，便會結出許多粒——

這是《約翰福音》第十二章二十四節中耶穌說的話。我陷入猶豫，不知道該不該朗讀這本小說給母親聽，但這是母親的要求。

每一天、每一天，我都坐在她的病床上朗讀給她聽，雖然她昏昏沉沉，不知道她有沒有在聽的時間越來越長，但我仍然繼續朗讀。

母親在臨終前並沒有被生命所剩的日子束縛，她的這種態度，為家人做出了貢獻。

我也藉由回應母親的要求，對她有所幫助。雖然母親的意識漸漸模糊，甚至不知道她是否聽到我的聲音，但即使在那種狀態下，她仍然讓我覺得對她付出了貢獻。

回想起母親生病時的身影，我在住院期間也拚命看書。因為我帶了很多書去醫院，所以我的病房簡直變成了書房。

住院期間，暫時擺脫了各種義務，可以自由地盡情閱讀想看的書。只有住院期間，能夠享受這種方式的閱讀樂趣。我拜母親之賜，發現了這種樂趣。

人生不是一場馬拉松，而是跳舞

佛教學者鈴木大拙在著手將親鸞的《教行信證》翻譯成英文時，已經九十歲高齡。

翻譯是一項需要發揮毅力的工作，翻譯過程會對身心造成很大的壓力。如果從自己年齡的角度考慮，很可能還來不及譯完，他的人生已經走到了終點，但他還是接受了這項艱鉅的任務，並順利完成了。

如果接到相同的案子，我也會欣然接受。即使對自己的健康有疑慮，那份工作也可以成為生命的動力。

擔心未來、掐指計算自己的生命還剩下多少時間，無法帶來任何創造。

但是，很多父母都教訓兒女「你要好好思考未來的事」，公司也經常要求員工「必須預測到未來的發展，採取預防措施」。為什麼要這麼擔心以後的事？

因為很多人認為，時間和人生都是一直線。

「你目前在人生的哪個階段？」

當有人這麼問時，年輕人會指向直線的起點附近，年長的人會指向終點附近。很多人認為時間和人生有起點，也有終點，而且不可逆地向終點移動。

亞里斯多德稱之為「變動（kinesis）」。對「變動」來說，達到某個境界，完成了什麼目標就很重要。凡事最好能夠快速、有效完成，一旦中斷或是先去做其他事，就會被視為未完成或是不完整。

比方說，從「變動」的觀點，跳級升學或是以驚人的速度出人頭地都是理想狀態。相反地，年輕就夭折的人生，沒有跑完的馬拉松就被視為不完整、未完成。

但是，也可以換一種方式思考，**即使沒有達到某個境界，過程中的每個瞬間都是完整、完成的瞬間**。一旦這麼想，時間和人生的長短就不再是問題。

於是，「完成的過程」就等同於「完成」，這就是亞里斯多德所說的「實現（energria）」。

「實現」就像是跳舞。在跳舞時，每一個瞬間都很快樂，並不會因為沒有跳完整首曲子，就無法感到快樂，而且跳舞也不是為了達到某個境界。

人生也一樣，活著的「眼前」、「當下」就是完整的「實現」。只要能夠用這種方式生活，就不會為年老之後來日不多感到憂傷、沮喪。

別延宕了人生

為未來擔心，就是沒有好好珍惜「眼前」、「當下」。因為沒有好好把握「眼前」、「當下」，所以才會為以後的事操心。

遠距離戀愛的情侶，難得約會一次，只有對當天的約會無法感到滿足的人，才會急著問：「下次什麼時候見面？」這種人想要藉由敲定下一次約會、之後的約定，彌補今天的不滿足。

當和情人共度充實而快樂的時光，不會在約會時想到下一次約會的事。因為他們的意識集中在「眼前」、「當下」的幸福，不需要對之後的約定抱有太大的期待。

實現的人生就是不延宕人生的生活方式。生活方式一旦改變，人際關係也會跟著改變。

比方說，有些夫妻到了高齡才結婚，也有些年輕人和幾乎可以當自己父母的人結婚。對他們來說，另一半隨時可能迎接死亡，不知道能夠在一起生活多久，所以根本沒時間吵架。

和另一半死別是極其悲傷的事。正因為這樣，所以必須珍惜每一天。

即使夫妻的年齡相近，結婚多年後，當另一半罹患了危及生命的疾病時，就會格外珍惜能夠在一起的「當下」。如果能夠在任何一方生病之前就有這種想法，夫妻關係和人生都會更加美滿。

認爲「時間無限」

人是否能夠永保年輕？

針對這個問題，法國哲學家尚．居東（Jean Guitton）在《我的哲學遺言》中回答說：「不妨認為眼前有永遠。」

那麼，那些認為自己老了的人呢？

尚．居東回答說：

「他們應該不相信永遠。」

相信永遠，就是認為自己有無限的時間。人的生命並非無限，但是，不必在意未來還能活多久，只要思考自己「眼前」、「當下」力所能及的事、自己必須做的事，就能夠永遠保持年輕的心，自由自在地生活。

哲學家森有正也曾經在日記中寫道：

「不要慌張，必須相信里爾克所說，未來有無限的時間，平靜心情，因為只有這樣，才能創造出高品質的工作」。（森有正《森有正全集》第十三冊）

前面提到的鈴木大拙的故事，正是最佳的例子。他認為有無限的時間，所以投入翻譯工作，最後也順利完成。即使最後並沒有完成，也無損於他人生的完整。

京都大學的中世紀哲學研究室，每週舉辦兩次閱讀湯瑪斯．阿奎那《神學大全》的閱讀會。《神學大全》用拉丁文撰寫，而且厚得令人難以想像。

「恐怕要花兩百年的時間才能讀完。」

說這句話的教授已經離開了人世，但後人繼續舉辦閱讀會。雖然這個計畫極其長遠，但重要的是面對眼前每一行文字的時間，以及從中得到的收穫，至於是否能夠讀完，並不是重要的問題。

無論活到幾歲，都希望能夠認為自己有無限的時間，悠閒自在地過日子。這就是相信永遠，活出實現的人生。

即使有人說，每個人都有無限的時間，恐怕也難以苟同。但是，整天想著自己時間所剩不多，掐指計算過日子，和雖然知道有終點，卻暫時不去想這件事，努力讓今天這一天活得更精采，哪一種生活方式更幸福？

有些人從年輕時就一直持續變動的人生，到了這個年紀，很難突然改變想法。改變多年的思考習慣和習性並不是一件容易事。

「神啊，請賜予我寧靜，接受我無法改變的事；請賜予我勇氣，改變我能改變的事；請賜予我睿智，分辨我該接受還是改變。」

這是基督教社會廣為流傳的〈尼布爾祈禱文〉中的一段話。不必執著於無法改變的事，直視眼前能夠改變的事。這就是幸福老後的啟示。

任何人都不知道自己還能活多久，這個事實無法改變，**但我們自身的意識可以改變**。年老的勇氣——幸福地活在年老「當下」的勇氣，也許就是**稍微改變對人生見解的勇氣**。

年老並非只會帶給我們疾病和衰老，雖然會遇到照護父母，或是自己需要兒女照護的問題，也會遇到身邊的人去世，必須走過悲傷的考驗。

這種時候，只要稍微改變角度看問題，救贖的光就會照進心裡。

第五章

執著也沒什麼不好

人爲什麼害怕死亡？

年老和生病之所以令人不安，是因為看到死亡若隱若現。但是，人生在世，任何人都將面對死亡，沒有人能夠例外。

「死亡被視為各種壞事中最可怕的事，但其實對我們來說，死亡並不可怕。因為只要我們活著，死亡就不存在；當死亡出現時，我們已經不在人世。」

這是希臘哲學家伊比鳩魯說的話（伊比鳩魯《Epicurus The Extant Remains》）。

只要活在世上，就沒有「死亡」；當我們死亡時，「生」已經離去，所以死亡並不足為懼——雖然伊比鳩魯這麼說，但現實並沒有這麼簡單。

我們的確無法「體驗」自己的死亡，也就是說，我們活著的時候思考的死亡只是一種「觀念」。

但是，即使自己沒有經歷過死亡，人生在世，會遇到各種死亡。近親的死亡、新聞報導中的死亡——

年紀漸長，收到同年代朋友的訃聞也越來越多。舉行同學會時，都要先為已經辭世的同學默哀。即使有人說「死不足懼」，但死亡已經滲透進入我們的生命。

雖然死亡已經滲透進每個人的生命，人生在世時，曾經見聞很多人的死亡，卻沒有人知道死亡到底是怎麼一回事。雖然搞不清楚是怎麼回事，但每個人都知道，有朝一日，自己也會迎接死亡。

我們總是對看不清真相、難以捉摸的事物產生恐懼，我們之所以害怕、忌諱，想要逃避人生盡頭的死亡，為此苦苦掙扎，就是因為我們不瞭解死亡。

不知道各位對「死亡」有怎樣的印象？

我在巨大的會場演講時都會使用麥克風。當麥克風發生接觸不良等故障時，就會出現雜音，聲音也會斷斷續續，聽眾無法清楚聽到我說話的聲音。

生病的狀態就和麥克風的接觸不良很相似，麥克風就像是人的身體。當工作人員妥善處理，消除故障後，我又可以清楚地為聽眾演講，這就是醫生治好了疾病。

但是，有時候並不是暫時的故障，而是麥克風完全壞了。已經無法修好、永遠斷線的麥克風就像是身體的死亡。在這種情況下，聽眾就無法再聽到我的聲音。

但是，壞掉的「麥克風」並不等同為聽眾演講的「我」。雖然麥克風壞了，無法再傳遞聲音，但我仍然在說話。現實中的死亡也一樣。

持續活在心愛的人的心中

人死之後，我們無法再親耳聽他說話，也無法看到他說話的身影，更無法碰觸他的手，但這只是無法靠「知覺」感受故人，我們可以藉由閱讀他寫下的文字，或是回味他曾經說過的話，用「心」感受他的想法和心情。

當作家還活著，可以隨時閱讀他推出的新作品。當作家去世之後，就無法再閱讀他的新作品，但是，即使重新閱讀舊作，每次閱讀，都可能會有新發現，或是發現作家的另一面。這就是「持續感受」那個人，也意味著那個人一直活在我們心中。

當清晰地回想起故人的一顰一笑，不是會覺得他好像就出現在眼前嗎？有時候也會在夢中和已經離開人世的人相見。我至今仍然不時夢見五年前辭世的父親，這種時候，並不是大腦某個角落的褪色記憶重新播放，而是故人甦醒了。

既然這樣，自己死去之後，或許也可以用這種方式再度回到人間。**活著的人和死去的人可以用這種方式持續連結，從這個角度來說，人可以長生不死。**

雖然沒有人知道死亡這件事的答案，但我認為人死之後，靈魂應該也不會消失。我相信那些死去的人的靈魂，至今仍然在持續訴說。我們必須豎耳傾聽這些聲音，必須持續思考，死去的人到底想要說什麼？如果他還活著，會說些什麼？

一旦這樣思考，死去的人就能夠激勵我們還活著的人。從這個角度來說，人在死後也能夠繼續有所貢獻。

東日本大地震之後，我有機會去東北各地演講。有一次，坐在最前排的男性聽眾向我發問。他在震災中失去了母親，更因為要建造防波堤而失去了故鄉，他哭著問我：「我以後該怎麼活下去？」

我告訴他，可以持續傾聽死去的人靈魂的聲音，而且，死去的人永遠都陪伴在活著的人身旁，同時，我還向他介紹了高山文彥的小說《埋葬父親》中的一段內容。

「那個世界似乎是個好地方，因為所有去了那個世界的人，都沒有再回來。」

離開人世之後，至今沒有一個人從那個世界回到人間，所以，也許那個世界是一個出乎意料的好地方。

那位男性聽眾聽完之後驚訝不已，最後笑著說：

「我的母親去世之後，也沒有再回到我的身邊，我想她現在一定生活在一個很美好的地方。既然這樣，那我也要趕快去見她。」

我對他說：「不必著急，因為你母親永遠都會等你。你在這個世界上，還有未完成的工作，等你完成該完成的工作之後，再去找你母親也不遲。」

沒有人知道，那個世界究竟是不是一個好地方，但也許並不是那麼可怕的地方。我在接受冠狀動脈繞道手術時，有了這樣的想法。

當手術順利結束，全身麻醉退了之後，我感受到好像被人從舒服的睡夢中吵醒般的不快感。當插在氣管內的管子拔除，去除異物後，比起「啊，輕鬆多了，我終於又活過來了！」的安心感，我更強烈地感受到「不要妨礙我」的心情。我相信這是因為全身麻醉導致失去意識的狀態讓我感到很舒服的關係。

因為全身麻醉，所以我並沒有實際「感受」到舒服，應該只是身體的記憶。雖然沒有人知道，但也許死亡就像沒有做夢的沉睡，至少不是那麼可怕、那麼不愉快的事。當時，我不由得這麼想。

死後的歸處

即使想像死後的世界也許並沒有那麼糟糕，但和生命中重要的人生離死別，還是會傷心欲絕，每次回想起故人，就會感到悲傷憂鬱，遲遲難以平靜內心的傷痛。

但是，如果死去的人知道家人和朋友一直為自己的死感到難過，絕對不會感到高興。

無論再怎麼悲傷，我們都必須站起來。站起來，繼續向前走。因為這樣才能讓死去的人感到高興。

「如果我可以再見到他們——這是我最大的希望——如果能夠見到他們，除了死以外，恐怕別無他法。」

這是哲學家三木清在《人生論筆記》中所寫的一段話。雖然文中寫的是「他們」，但三木想到的應該是死去的妻子喜美子。

三木想要表達的是，當自己還活在世上，無論再怎麼祈願，都不可能和死去的妻子重逢。但是，如果自己死了，重逢的可能性至少不再是零。既然這樣，死亡也並非有百害而無一利。

三木在太太喜美子去世一週年時編輯的追悼文集（〈為年幼者〉《三木清全集第十九冊》）中，引用了「俱會一處」這個佛教用語，然後寫道「我們終將共往生極樂，會於一處」。一旦認為不必慌張，終有一天將會再見面，或許有助於平靜我們內心的悲傷，和對死亡的恐懼。

三木認為要具有「徹底執著的事」，做好走向死亡的準備。

通常認為一旦有了執著的事，想死也死不了，即使死了，仍然會有牽掛。但是，三木問：「沒有任何執著對象，內心空虛的人會不會死不了？」他認為「一旦有徹底執著的事，死後就有屬於自己的歸處」。

這意味著即使有執著也無妨。比起因為「不可以有任何執著」而自我束縛，認為**執著也沒關係的想法，反而能夠擺脫執著，獲得自由。**

每個人執著的對象不同，但是，對父母來說，兒女永遠都是最執著、最無法放心的對象。我因為心肌梗塞病倒時，最先想到的就是兒女，為無法看到孩子的成長感到遺憾。

三木認為，一旦有徹底執著的對象，可以成為生命的動力，同時也可以成為死亡的力量。「死後的歸處」就是眷戀的人。三木本身徹底執著，認為自己死後的歸處，應該就是年幼喪母的獨生女洋子。

「當我有真愛，就可以為我帶來永生。」

即使身體死了，自己也能夠永遠活在洋子心中。**即使沒有長生**

不老的仙丹妙藥，只要盡心盡力，徹底執著地好好活在當下，就可以永遠活在心愛的人的心中。

蘇格拉底的臨終

柏拉圖的對話錄《斐多篇》中，詳細記載了蘇格拉底臨終的情況。蘇格拉底被判死刑後，即使在執行死刑的當天，仍然在獄中和獄友談論了靈魂的不死，才在獄中喝下毒酒，靜靜地迎接死亡。

即使再害怕死亡的人，都希望臨終能夠以平靜的心，靜靜地迎接永遠的沉睡。如果可以，我也希望安靜地走向死亡，但是不是非要死得很瀟灑？那倒未必。

即使手足無措、陷入混亂，垂死掙扎也無妨。雖然日本社會讚賞在人生舞台中瀟灑下台，認為是一種美學，一種風潮，但**正如每**

個人生活方式各不相同，死去的方式、臨終的方式五花八門又何妨，不必認為垂死掙扎很丟臉。

關注他人死去的方式和臨終這件事本身也是一個問題。即使那個人的人生很短暫，即使以自殺的方式結束了生命，在看待、談論那個人的人生時，也不能將焦點只放在這件事上。雖然這不是一件小事，但並不是那個人人生中唯一的事。

我的母親不到五十歲就離開了人世，雖然離平均壽命還差了一大截，但我母親的人生並非不完整，也並不可憐。

任何人的人生中都會有很多喜怒哀樂，只要努力將焦點集中在這些事上，關心生命的充實度，在思考自己的人生時，就不會煩惱「不知道自己還可以活幾年」，也不會整天在意人生的終點而汲汲營營。

如何活在當下？

柏拉圖在《蘇格拉底的申辯》中寫到，蘇格拉底曾經說：「之所以害怕死亡，是以為自己知道其實並不知道的事。」雖然不瞭解，卻以為瞭解，認定死亡很可怕，或許是最大的善意。

既然無論怎麼絞盡腦汁都無法知道，就**只能接受未知的死亡，沒必要努力去瞭解，或是為此煩惱**。這絕對不是不考慮過去和將來，只追求眼前充實和短暫快樂的剎那主義，而是腳踏實地活在「眼前」、「當下」的聰明而務實的處世之道。

無論死亡是怎麼一回事，都不能因此改變目前的生活方式。

當然不能因為「反正死了之後，一切都塵歸塵，土歸土」而自暴自棄，也不要只在意死後的因果報應。活著的時候，必須將焦點集中在活著的「當下」。

整天都思考死亡，就會忽略活著這件事。這種態度也可以說是藉由只關心死亡的問題，逃避眼前的課題，或者說是轉嫁問題。

三木認為，既不能過度害怕而逃避，也不要受死亡的束縛，只有感受「死亡的平靜」，才能好好活在當下。整天擔心以後的事，忽略「眼前」、「當下」的可能性和幸福，未免太可惜了。

研究作家和畫家的人生，可以發現很多人都發揮了旺盛的精力，持續創作到晚年，甚至有不少人死前的最後作品是大作，或是成為代表作之一。哲學家也一樣，據說八十歲去世的柏拉圖「臨死還在寫作」。

持續寫作到最後一口氣——瀨戶內寂聽曾經在接受採訪時說，這是最理想的生活方式。全力投入自己力所能及的事，直到生命的終點，然後在投入這件事的過程中迎接死亡，的確是理想的人生。

日後會如何迎接死亡，取決於目前如何活著。在日常生活中，專注於「眼前」、「當下」的幸福，才能避免在經歷聯想到死亡的年老或是生病時心慌意亂，手足無措。

三木清認為，幸福是一種「質」，而且很獨特；成功則是一種「量」，而且很普遍。成功需要和他人比較，藉由數值來表現，升遷、加薪、評價和成果都是最典型的成功。

年老、疾病和死亡會阻礙這種量的成功，成功會失去，期待會遭到背叛，但幸福和希望不會失去。

後面將深入談論幸福和希望。

第六章

不是「大人」，就無法照護父母

和年邁父母之間的關係最難處理

年老的海浪一波波襲來，如何改變一個人的日常生活？父母都親身讓我們瞭解這件事。所謂「百聞不如一見」，照護父母的過程中，就會瞭解到原來這就是年華老去。

除了感受到自己的體力衰退，親眼目睹父母的老邁更是一件難過的事。走路漸漸蹣跚，記憶就像拼圖般一片一片缺損，日常生活漸漸困難。

遇到這種情況時，採取相應措施完善照護很重要，但其實最容易忽略的，就是如何面對年邁的父母，如何與年邁的父母相處，這也是最困難的一件事。

正因為希望父母的晚年能夠幸福，才會在照護過程中操心、煩惱。雖然希望盡自己最大的努力照護父母，但很多人因為照護的日子看不到終點，漸漸心生煩惱，在精神上感受到極大的壓力。

於是，就會忍不住對父母大小聲，或是發生爭執，讓自己懊惱不已。明明是希望父母晚年幸福，卻讓自己和父母都很不幸。

阿德勒曾經說，**「所有的煩惱都是人際關係的煩惱」**。照護的煩惱也是人際關係的煩惱，而且，和年邁父母之間的關係，是所有人際關係中最難處理的關係。因為和父母之間的關係比任何關係更親近，而且歷史最長久。

無論在任何人際關係中，如果任何一方都不主動解決，就無法改變彼此的關係。但是，我們無法改變別人。既然無法改變別人，就只能改變自己。面對和需要照護的父母之間的關係，**首先要決心「自己改變」**。這是第一步。

在照護父母的過程中，父母可能會同一件事一說再說，或是很任性，有時候甚至讓自己無所適從。但是，年邁的父母所剩的時間、自己能夠和父母相處的時間並不長，根本沒時間生氣。因此需要作好心理準備，不會因為遇到這些事而生氣，具備接受現實的勇氣。

成爲「大人」的三大要件

市面上充斥著各種預防老化的資訊：每天健走有助於延長健康壽命、飲食要均衡、高齡者應該多吃肉；經常活動雙手，有助於預防失智症，並延緩失智症的惡化……等等。

聽到有益健康，當然想要推薦給父母，至於要不要做，由父母自己決定。「為什麼不做？」「我是為你好」，這種強迫父母接受的言行和態度就是試圖改變對方。父母一旦覺得兒女在強迫自己，就會認為一旦聽從兒女的提議，自己就輸了。因為不願認輸，就不想接受兒女的提議。這種情況當然無法幫助父母。

不要試圖改變對方，而是自己改變。該如何改變？用一句話來說，就是「當個大人」。

大人有三大要件。第一，**自己能夠肯定自己的價值**。無論他人如何評價，自己能夠肯定自己所做的事，認為自己的存在有價值。不期待受到他人稱讚，或是得到他人的認同。

一旦期待父母說「謝謝」表達感謝，或是想聽到周圍的親戚朋友稱讚「你真辛苦」、「你真孝順」，照護父母就會變成一件苦差事。因為父母未必會表達感謝，周圍人也未必會肯定你付出的努力。

如果無法成為一個真正的大人，就會為了獲得他人的肯定和認同勉強自己，但是，如果沒有得到期待中的肯定或認同，就會覺得「我已經這麼努力了！」還不夠嗎？然後將攻擊的矛頭指向父母和周圍人，導致彼此的關係惡化。

自己的事必須由自己決定。這是成為一個大人的第二重要要件。

讀小學時，我住在校區的偏僻角落，放學回家之後，就不會再出門去找同學玩。有一天，同學打電話問我：「要不要來我家玩？」我覺得這種事必須徵求父母的同意，於是就問剛好在一旁的母親，我可不可以去同學家，沒想到母親回答說：「這種事自己決定就好了。」當時感到很驚訝。

要不要去朋友家玩的確是我的問題，並不是母親的問題，必須由我自己決定。我在那時候學到，自己的問題要自己負起責任選擇、決定，然後去完成。

自己能夠為年邁的父母做什麼？該做什麼？這些問題也必須自行思考後作出決定，不要因為「通常」、「大家都」這麼做，或是別人要求「該這麼做」、「這樣做比較好」而去做。

自己的問題能夠自己作出決定，也會尊重對方決定自己的問題。如何過老後的生活由父母自己決定，不能干涉父母必須面對的問題，強迫父母按照兒女的理想和希望過日子。

希望父母上了年紀之後仍然老當益壯，每天的生活都快樂、充實，對兒孫溫柔寬容，言談舉止都是兒孫的榜樣——要求父母符合自己的理想標準，就是沒有做到大人的第三個要件**「擺脫以自我為中心」**。

每個人都是共同體的一部分，但並不是共同體的中心。「我」活在世上並不是為了滿足他人的期待和要求；別人活在世上，也不是為了滿足「我」的期待和要求。

父母和兒女也是一個共同體，父母和兒女都是共同體的一部分。瞭解無論父母還是兒女，都不是共同體的中心。在彼此相處時必須意識到這件事，這是照護時的關鍵。如果雙方都把期待和理想強加在對方身上，彼此都會產生不必要的不滿和挫折，照護工作早晚會出問題。

接受父母原來的樣子

不期待他人的評價和肯定，明確分辨什麼是自己的問題，什麼是父母的問題，瞭解父母並不是為了滿足自己的理想和要求而活著。滿足這三大要件，成為「大人」，就**能夠接受父母原來的樣子**。

任何人都不喜歡別人把理想形象套用在自己身上，對現實中的自己感到不滿。父母能夠感受到兒女如何看自己、如何接受自己。接受父母原來的樣子，就是尊敬父母。只要尊敬父母，就不會強迫父母做他們不想做的事，也不會對他們語帶不敬。

當父母失去了某些能力，覺得他們「很可憐」，或是相反地，當父母完成某件事而加以稱讚，都不是尊敬父母。必須瞭解到，稱讚的行為是「高高在上」地將自己的理想強加在父母身上的言行；覺得父母「可憐」，也同樣是「高高在上」地陷入感傷。

看到父母失去做很多事的能力是一件痛苦的事，也許就像看到了自己的未來，會忍不住想移開視線。

但是，不必在意失去的東西和「無法再做到」的事，而是將焦點集中在目前「能夠做到」的事。如果父母有能力做卻不做，就接受父母的意志和選擇，不要將眼前的父母和「理想的父母」，或是「以前的父母」作比較——只要做到這一點，就可以大大改善和父母的相處。

能夠在一起，就值得感恩

我認為目前的親子關係中，缺少了「謝謝」這句話。也許父母不會對兒女說「謝謝」，但自己不是也沒有對父母說「謝謝」嗎？即使只是小事，只要對父母說聲「謝謝」，父母就會覺得自己對家人有幫助，覺得自己有價值。能夠和父母在一起，就是一件值得感謝的事。只要覺得能夠和父母在一起，是很值得感謝的事，就可以克服大部分困難。

值得感謝的日文漢字是「有難」，同時也表示「難能可貴」的意思。照護父母比想像中更辛苦，但只要下定決心，持續出聲表達感謝，在有朝一日離別之前，珍惜每一天，努力和父母和睦相處，就能夠保持心情平靜，和父母建立良好的關係。

人往往很容易注意事情的「黑暗面」。自己為了照護父母，犧牲了工作和自己的時間，無論自己再怎麼努力，父母仍然一天比一天衰弱。如果一味在意這些負面的事，就無法注意到眼前好的一面。

我為了照顧腦梗塞病倒的母親，向研究所請了三個月的假。之後為了照顧阿茲海默型失智症的父親，也無法專心投入工作。我曾經為此感到焦急、不知所措，也為此悶悶不樂。

但是，如果當時我不是在讀研究所，而是畢業後進了公司工作。那時候我才二十五歲，一定是剛進公司的新人，根本不可能向公司請假三個月，陪伴母親走完人生最後一程。

父親需要照護時，我也剛好因為自己大病初癒，為了療養，開始在家工作。正因為這樣，我才能每天去父親家，長時間陪伴在他身旁。命運的安排讓我能夠在這兩個時期照顧父母，是一件幸福的事。

當我將焦點集中在事情積極的一面，開始認為這就是我的人生，心情就輕鬆多了。

之前說過這件事嗎？

照護父母時，經常會遇到令人難過、不耐煩，或是感到生氣的事。父母一而再、再而三地重複說同一件事，就是其中之一。

有人為年邁的父母反覆說同一件事嘆息，但其實不可能有人說完全相同的話。如果覺得「又在說這件事」感到不耐煩，就會以為和之前聽到的一模一樣。

即使故事的梗概相同，仔細傾聽後會發現，每次在細節上都會有微妙的差異。這種微妙的差異反映了父母「目前」的狀況，可以成為瞭解父母的心情和關心的事的重要線索。在聽父母反覆說同一件事時，注意這些細節的不同，不錯過微妙的訊息——這才是「傾聽」。

父母一再重複的事，往往是他們認為重要的事。不妨思考一下父母為什麼執著於那件事，也有助於瞭解父母目前的狀況。

我有一位朋友是精神科醫生，他說從小就很喜歡聽奶奶說話。雖然他奶奶每次都說相同的話，但當奶奶問他：「之前說過這件事嗎？」他回答說：「嗯，上次已經聽妳說過了，但奶奶說的話，不管聽幾次都很有趣。」

當父母一再重複相同的事時，不妨當作是第一次聽，不妨當作是有趣的故事。於是就會發現父母說得口沫橫飛，臉上的表情也和平時不一樣。

人會在無意識中改寫記憶，父母說的話也會經常加入新的要素，有時候插入新的小故事，有時候會割捨之前說得很詳細的部分。

我們的記憶也一樣。當我能夠和父親平靜相處後，想起父親喜歡攝影，拍了很多照片。雖然大部分都是風景照，但我在父親的相簿中，發現了我們父子兩人不知道去哪裡時，他為我拍的照片。

隨著年齡的增長，我和父親之間出現了又深又險惡的鴻溝，我甚至忘了曾經和父親兩人外出這件事。但是，和父親之間的關係改善後，那一張照片讓我突然回想起這件事。

而且，我還想起曾經拆開父親愛用的雙眼相機，結果拆壞了。我忘了父親當時的態度，但應該沒有罵我。也許他實際上狠狠罵了我一頓，但現在回想起這件事時，總覺得父親著眼於我對相機的構造產生興趣，想要自己搞清楚這一點，尊重了我的行動。

我會這麼想，也是因為和父親之間的關係改變了。記憶很奇妙，會突然回想起數十年前的事，也會洞悉往事的背景。

父母記憶中的事和忘記的事，往往會因此「眼前」、「當下」的心情，以及和家人的關係重新改寫。既然這樣，自己也可以再重新改寫。**與其為「竟然連這種事也忘記了」嘆息，不如改變自己，努力改變和父母之間的關係更務實，也更有建設性。**

否定父母的妄想，會導致症狀更加惡化

妄想是失智症常見的症狀之一。失智症的父母經常說自己重要的東西失竊，或是明明在家，卻說「我要回家」——即使明知道是妄想，只要當事人並沒有遭遇危險，就不需要否定。一旦否定妄想，會導致他們的症狀更加惡化。

我曾經聽過一對老夫妻的事。

有一天晚上，那位爺爺說：「今天晚上，會有人上門討債。」雖然實際上不可能有這種事，但那位奶奶說：「那怎麼辦？既然等一下會有客人來家裡，那要打掃一下。」於是，這對老夫妻就開始打掃。打掃了一陣子，爺爺說：「我想睡覺了，晚安。」然後就上床睡覺了。

我認為那位奶奶的應對很棒，但她也許根本沒想到有人上門討債這件事是爺爺的妄想，也從來沒有想過要怎麼應付有妄想症的丈夫。

既然有客人上門，就要先打掃家裡。奶奶只是做了她認為理所當然的事。因此，如果當事人沒有遭遇危險，就不需要把他拉回現實的世界，不妨走進父母妄想的世界。和父母共享他們妄想的故事，平靜地守護在一旁，父母也會漸漸平靜下來。

這種方法並非只用於失智症的病人。我以前曾經在精神病院工作，當**病人訴說妄想時，越是否定他的妄想，症狀就會越嚴重**。這種時候，不要說「不可能有這種事」、「無法相信」加以否定，要抱著「原來是這樣」的想法，傾聽病人訴說。

有一位精神科醫生朋友遇到病人說，有人裝了竊聽器，於是陪著病人去閣樓上找，找得滿身都是灰塵。結果當然沒找到竊聽器。朋友問病人：「你是不是仍然覺得哪裡有竊聽器？」病人回答說：「我還是覺得有。」朋友說：「可能裝在牆壁裡。」然後拿起鐵鎚準備敲牆壁。病人大驚失色地制止了他，之後就沒有再出現妄想。

不提已經忘記的事

失智症的父母記錯或是想錯的事，在家人眼中，可能會覺得是妄想。失智症雖然是大腦的疾病，但可以自己選擇忘記什麼，記住什麼，以及用什麼方式記住。

如果當事人不願意回想，或是因為有必要忘記而遺忘，就**不要特地提醒父母忘了某件事，或是勉強父母回想，更不要糾正他們的記憶**。

我的父親罹患了失智症，晚年並不記得自己的妻子——也就是我的母親。但是，年過八十的父親清楚記得自己曾經結過婚、妻子在二十多年前就已經去世，以及妻子去世之後，一直一個人生活這些事，到底是不是一種幸福？

我猜想父親應該不願回想起母親的事。當我發現父親即使看到相簿中的照片，也想不起母親時，不由得感到驚訝。我記得當時為目睹父親失去了過去感到難過，因為我覺得和父親共同走過的歷史，以及活在這段歷史中的自己也遭到了抹滅。

父親的失智症日益嚴重，需要他人照顧生活後，曾經對我說：「你什麼時候才要結婚？」當時我早就已經結了婚，我太太也曾經幫忙照顧父親，但他以為我還沒結婚。

我問父親，為什麼要問我結婚的事，他回答說：「在你結婚之前，我不能死。」如果我回答說：「我早就結婚了。」父親可能會一下子失去生命的動力，所以我並沒有告訴他真相。

年輕時，我和父親之間經常發生衝突，母親發揮了防波堤的作用。母親突然離開人世，在我結婚之前，家裡只有我和父親兩個人。雖然只有短短不到半年的時間，但那半年對我來說很痛苦，也很辛苦。但是，既然父親記得那段日子，而且一直為我結婚的事操心，就代表父親對和我單獨生活的那段日子，以及和我之間的關係，和我的感覺完全不同。

有時候可以透過父母忘記的事，有全新的發現。父親讓我瞭解到這一點。從這個角度來看，雖然父親遺忘了許多事，但他的遺忘也對家人有所貢獻。

父親雖然忘記了母親，我和父親之間的關係並不算和諧，但父親記得和我共同生活的那段日子。我覺得這是父親在無意識中作出的選擇。他選擇忘記妻子很早離開人世的悲傷，激勵自己，必須努力到兒子結婚。

我相信父親直到晚年都勉強記得我的原因之一，是因為我從小就讓他操了很多心。我在中學二年級時，被機車迎面撞到，身受重傷。右手和骨盆骨折，在病床上躺了三個月。父親在公司接到通知時，以為我發生車禍死了。

之後，父親也為我的人生操了不少心。他除了關心我的婚事，每到春天就打電話問我：「有沒有找到工作了？」

雖然我並不是建議大家讓父母多操心，但是，**為家人操心**，

覺得有家人需要自己的關心，可以成為生存的動力。我在前面也曾經提到，當我因為心肌梗塞緊急住院時，日益衰老的父親突然振作起來，還說等我出院時，要親自開車來接我，讓全家人都嚇了一大跳。

但是，父親的認知機能在之後每況愈下。一方面是因為我關心自己的病情，沒有及時發現父親的變化，但另一方面也是因為我不想讓高齡的父親擔心，覺得不能讓他太操勞。隔了一段時間沒打電話給父親，結果他完全變了樣。

我至今仍然不時回想，如果當時我多依賴父親一點，也許可以激發他生命的動力，也可以馬上發現他失智症惡化的情況，及時採取措施。

老耄是過濾器

我最初發現父親得了失智症，是因為他說他為老後存了足夠的錢，卻接到銀行的電話，說銀行存款餘額不足，無法扣繳信用卡帳款。

之後，父親因為內科疾病住院兩個月。父親住院期間，把愛犬送去妹妹家代為照顧。父親出院回到家中時，完全沒有提起愛犬。父親飼養愛犬多年，而且非常疼愛牠，竟然完全忘記牠的存在。

父親是某個宗教的信徒，以前虔誠皈依，也曾經大力推薦我信奉該宗教，但在出院後，從來沒有坐在佛壇前，也沒有打開過佛壇的門。父親的信仰和關心都消失在遺忘的彼岸，令我震驚不已。

在住院之前，這兩者都是父親的心靈食糧。也許忘記之後，反而獲得了自由。

「信賴經過老耄的過濾，
仍然留在心上的事物。
老耄是過濾器。」

這是哲學家鶴見俊輔在日記中寫的話（鶴見俊輔《「老耄帖」後篇》）。也許人到了晚年，必須捨棄各種記憶，留下真正重要的事，才能夠活在「眼前」、「當下」。

父親在晚年分不清過去和現在、夢境和現實，好像生活在迷霧中，但是，那片迷霧有時候會突然消失。這種時候，父親的記憶非常明確，清楚知道自己在哪裡，身處怎樣的狀況。

雖然有迷霧消失的瞬間，但這種瞬間並不持久。照護的人必須牢記這一點，好好把握這幸福的瞬間。

在記憶迷霧消失的某一天，父親對我說：

「已經忘記的事就沒辦法了。如果可以的話，我希望可以

重來——」

我認為父親這句話道出了失智症這件事上，親子關係的核心。人無法擺脫過去，也無法再回到過去，但隨時都可以重新開始，從「眼前」、「當下」重新建立新的關係。

如果父母忘了有自己這個孩子，不妨就像認識新朋友一樣，帶著新鮮感，努力和父母建立全新的、理想的關係。如果妻子忘了我，我可以和她再談一次戀愛——一旦這麼想，就不會害怕被遺忘了。

鶴見俊輔還留下這樣的名言。

「此刻在此地，夫復何求？」

看到父母連眼前的事都想不起來，的確會很痛苦，但可以換一個角度認為**活在「眼前」、「當下」的父母，示範了身為一個人的理想生活方式**。既然父母藉由老耄這個過濾器，只記得重要的事，家人能盡力去做的，就是珍惜父母仍然記得的事，努力瞭解其中的意義。

失智症的父母示範了理想的生活方式

聽到父親說「已經忘記的事就沒辦法了」時，我覺得是身為照護者的自己必須牢記在心裡的一句話。

父母遺忘某些事，無法再做到某些事，已經是沒辦法的事，即使為這件事擔憂，事態也不可能好轉。即使父母無法放下對過去的執著，以及對以前自己的鄉愁，自己必須下定決心放下過去，專心於「眼前」、「當下」。

放下過去，其實就是**抱著「人生每一天都是新的開始」的態度生活**。如果能夠不提昨天的事，每天像第一次見面一樣和父母相處，就能夠仔細傾聽父母說話，也能夠帶著敬意和他們相處。

我認為除了放下過去，還必須放下未來。如果整天為日後的事擔憂，就會忽略眼前。既然人生的每一天都是新的開始，明天的課題就留到明天再思考。

不被過去束縛，不為未來擔憂。失智症的父母示範了理想的生活方式，在漸漸遺忘很多事的過程中，也許會淡化對死亡的恐懼。雖然不可能完全消除對死亡的恐懼，但至少能夠不時擺脫這種恐懼。

這正是「此刻在此地，夫復何求？」的境界，失智症的父母讓我們瞭解到，可以有這樣的生活方式。

此刻在此地，就已經足夠了。我想把這句話送給在照護父母的漩渦中太努力的子女。

照護父母並不是非要做什麼不可。父親在晚年，除了三餐以外，幾乎都在睡覺。我問他：「你整天睡覺，我不在也沒關係吧？」父親一臉嚴肅地對我說：「因為你在，我才能睡得安穩。」哲學家鷲田清一說：**「要肯定雖然沒有特別做任何事，只是陪伴在一旁的力量。」**（《咬不斷的想法》）只要陪伴在一旁就好——這麼一想，心情就會輕鬆一點。

當用生產力的角度思考照護生活時，就會覺得非要做什麼不可。照護父母時，必須擺脫追求生產力的想法，不追求成果和回報。無論照護父母或是育兒，一旦要求回報，就會變成一件痛苦的事。只要照護能夠讓自己覺得對他人有所貢獻，這樣就足夠了。

雖然我也帶著這種決心照護父親，沒想到有一天，父親意想不到地對我說：「謝謝。」讓我忍不住感到高興，因為我完全沒料到父親會向我道謝。父親又接著問：「什麼時候吃飯？」我頓時感到無力，這種時候，只要告訴他：「你已經吃過了。」父親就會說：

「是喔。」不再堅持自己還沒吃飯。

照護父母經常會產生徒勞感，即使為父母做了很多事，即使帶他們去很多地方，父母也都不記得。但其實自己也不記得小時候，父母帶自己去過的很多地方。在照護父母時，只要覺得自己也做過相同的事，就會感到心平氣和。

將焦點集中在「做到」的事上

我們所能做的，就是在人生路上，努力做好「眼前」、「當下」力所能及的事，但是回首往事時，經常覺得「早知道那時候應該這麼做」，照護父母的過程中，總是有很多後悔。

但是，在送父母走完最後一程時，只在意自己「做不到的事」，還是將焦點放在自己「做到」的事上，以及些許「心靈相通」的瞬間，對照護父母這件事的印象就會大不相同。

母親因為腦梗塞病倒時，如果一開始就讓她住在有腦神經外科的醫院，或許能夠讓她更早接受專業治療。我曾經為此感到後悔。母親住院時，雖然我整天在病房陪她，卻沒能夠為她送終。這件事也讓我後悔不已，折磨了我多年。

然而，即使再怎麼小心翼翼，盡力照護，仍然會發生意外。這是一種不可抗力，不能責怪任何人。

無論周圍的人還是自己，如果都只將焦點集中在失敗上，批評這樣的照護有問題，或是照顧不周，絕對有問題。

我為無法為母親送終這件事懊惱不已，始終無法告訴父親和妹妹。雖然即使父親知道母親斷氣的瞬間，我剛好有事離開病房片刻，他也不會責怪我。

其實應該將焦點放在長期照護父母這件事上，即使在照護期間犯了很多錯誤和疏失，也要將焦點放在當時盡了最大的努力。

母親從病倒到去世的三個月期間，曾經發生過很多事，但我將焦點放在最後，一直自責自己可以做得更好，但我相信母親對於自己意識還清晰時，在病床上和我一起學德文這件事感到很高興。

對母親來說，這是幸福的經驗，我也對母親的幸福有所貢獻。我將焦點集中在這件事上，逐漸消化了自己的行為和母親的死亡，終於接受了這些現實。

不光是照護、護理會遇到這種情況，人生路上會發生很多事。**只要維持將焦點放在「眼前」、「當下」的生活方式，就會知道，自己以前做任何事，也都盡了最大的努力，只要這麼想，就會原諒自己的失敗。**

過去無法改變，但只要能夠著眼於不同的部分，從不同的角度看重點，就不會因為自責，沉溺在後悔的海洋中。

第七章

「做不到」的勇氣

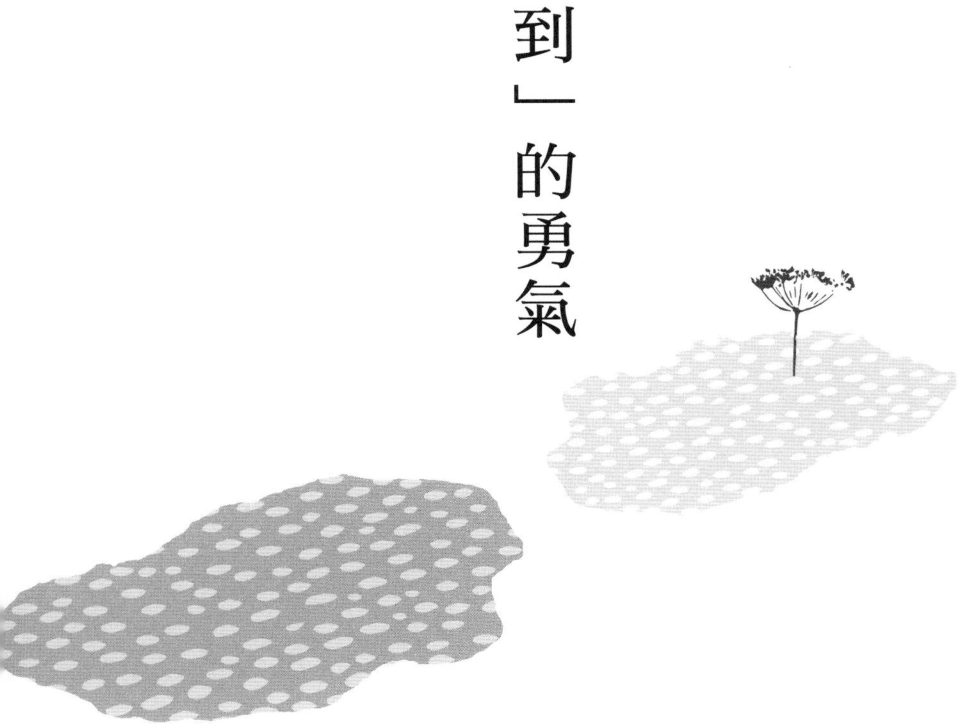

首先，自己要幸福

照護者容易陷入後悔，把自己逼入絕境的原因之一，也許是認為只要自己努力，就可以讓父母幸福。但是，兒女無法讓父母幸福。即使希望父母幸福，也做了力所能及的事，但還是無法讓父母幸福。

曾經有家長為孩子拒學煩惱，來接受心理諮商。家長一臉悲痛的表情問：「我該怎麼做才好？」但這並不是家長有辦法解決的問題，因為要不要去學校上課是孩子的問題，是孩子決定的事。身為家長所能做的，就是即使孩子不去上學，不符合父母的期待，也要和孩子感情和睦地活在「眼前」、「當下」。

親子關係改善後，孩子可能會去上學，但也可能仍然不想去學校。這也是孩子自己決定的事。

家中有拒學和尼特族的孩子，父母會強烈希望孩子去上學，或是踏上社會，但孩子仍然整天在家，父母因此覺得孩子的人生不完整，如果孩子自己也這麼想，就代表無論父母還是孩子，都沒有珍惜「眼前」、「當下」的人生。

為孩子拒學和繭居煩惱的父母，總是一臉憔悴地前來諮商。從他們的身影和言語中，可以徹底感受到他們認為「自己目前身處不幸的深淵」。

但是，孩子並不希望自己不想上學、不想踏上社會造成父母的不幸，孩子會感受到父母的幸福和不幸。如果希望孩子幸福，父母自己先要幸福。

人往往為了某種目的，才會讓自己看起來很不幸。那就是為了博取周遭的人和輿論的同情，但是，這種態度等於與孩子為敵。

父母向周遭宣告「我努力養育、栽培他，但他不去學校讀書，讓我變得這麼不幸」的行為，當然會引起孩子的不悅。不管孩子有沒有去學校上課，父母都應該幸福。

我為什麼要談這些？因為在照護父母時，也有完全相同的情況。有些人已經為父母盡了十二分努力，仍然覺得自己不夠孝順，往往在不知不覺中向周圍人表示，自己多麼辛苦，自己多麼努力。

但是，受到照護的父母看到照護自己的兒女不幸的樣子和態度，當然不可能感到高興。兒女的不幸是父母心頭最大的痛，如果兒女因為照護自己而不幸，父母當然更加難過。

三木清曾經說：「還有什麼比自己幸福，更能夠報答我們所愛的人？」**任何人都無法讓別人幸福，也無法讓別人給自己幸福。如果想要家人幸福，自己要先幸福**，僅此而已。

照護父母時，必須認真做好自己「能做到」的事，即使有自己做不到的事，也不必為此煩惱。無法分辨希望和期待的不同，也是不時感到煩惱、感到不幸的原因之一。

三木清在《人生論筆記》中，寫了以下這段話。

「有人說，一旦有希望，之後就會失望，所以如果不想體會失望帶來的痛苦，最好一開始就不要懷抱希望。但是，失去的希望不再是希望，反而變成了期待。」

三木說，失望這兩個字來自「失去希望」，但照理說，希望並不會失去，而是「形成生命的力量」。形成生命的力量就是延續生命，編織人生的意思。

即使身處絕望的狀況，仍然可以懷抱希望。希望具有開拓人生，改變人生的力量。在照護父母時，不要期待父母身體越來越好，也不要期待他人感謝、稱讚自己照護父母有功。無論在任何狀況下，都要希望父母和自己都得到幸福，最重要的是，自己要先幸福。

照護工作很嚴峻，但是，當不得不面對照護的現實時，帶著愉快的心情做好照護工作，不是比較幸福嗎？不要認為「不得不照護父母」，不妨認為在照護的同時，「可以用其他方式多和父母相處」。

我以前很討厭父親，但開始照護他之後，大大改善了我們父子之間的關係。雖然在照護過程中發生過痛苦的事，也曾經很辛苦，但正如我在前面所說，這也是命運的安排。我漸漸覺得能夠用這種方式和父親相處，也是一種幸福。

即使覺得現實一片漆黑，但只要稍微改變心靈的角度，就會發現這片黑暗是有深度的立體形狀，某些部分也有陽光。

只有在人際關係中才能產生喜悅

目前，由高齡者照顧更高齡者的「老老照護」情況越來越多，甚至發生了因為照護太勞累，導致集體自殺的不幸案例，但一旦感到疲累，就應該向周遭的人求助。**需要幫助並不是失敗，也不是丟臉的事。**

我也經歷過「老病照護」的情況。我在照護父親時，剛動完手術不久。在持續照護的過程中，也得了哮喘。我應該在身心疲憊之前就告訴周圍人，自己已經撐不下去，這樣才能從根本解決問題。

明明自己無法做到，卻勉強自己硬撐，是在無意識中期待得到其他人認為「你很努力」的肯定，不希望被認為是「偷懶」。無論照護父母還是育兒，都必須擺脫「必須這麼做」、「必須完美」的成見。

在自家照護一段時間後，我感到體力無法負荷，幸好順利安置父親進了安養院。也許每個人的情況不同，我父親在安養院的狀態比在自家照護時更理想。我相信應該是住在家裡時，他幾乎不和我與妻子以外的人交談，或是有任何互動，但在安養院時，和很多工作人員交流，也和其他老人交談的關係。不久之後，他從專門照顧失智症老人的房間轉移到普通房間。

阿德勒曾經說，「所有煩惱都是人際關係的煩惱」，但也**只有在人際關係中，才能夠產生喜悅**。不少人對將父母交由安養院照護感到排斥和猶豫，但不妨認為是積極選項之一。

想要尋求必要的協助，自己首先要幸福。如果整天抱怨照護的辛苦，或是愁眉苦臉，會嚇跑原本想要伸出援手的人。

當全家人一起照護時，即使之前由自己擔任主要照護工作，也不能要求別人必須按照自己的方式照護。比起整天見面的自己，父母看到偶爾來探視的家人或親戚時，通常會笑臉相迎，如果為這種事生氣，是在浪費時間。因為在父母眼中，偶爾來探視的人是客人。不妨認為當父母和客人相處愉快，心情愉快，自己也會比較輕鬆。

當多人照護時，所有人都必須瞭解受到照護的父母狀況。當我的母親病倒時，非假日晚上十二點到隔天傍晚六點由我負責照護，傍晚六點到晚上十二點由父親照護，週末由妹妹和我太太負責。當時，聯絡簿發揮了很大的作用。

因為有了聯絡簿，所有家人都掌握母親的狀況、當天接受了什麼治療、檢查的數據，以及聯絡事項，大家也能夠放下心，而且也有助於所有成員建立大家一起照顧的意識。如果是現在，可以靈活運用電子郵件和Line。

每天寫聯絡簿，就會覺得每一天都過得很充實。我相信是因為必須仔細觀察母親的變化，才能向家人說明母親的狀態。同時，當詳細記錄每天的變化之後，就會發現母親的狀況並沒有突然變差，或是狀況一直走下坡。

父親晚年的狀況也一樣，通常會持續一段平坦的路，然後突然走一段下坡路，然後又持續一段平坦的路。瞭解這一點之後，就知道還有一段緩衝的時間，還可以再和父親相處一段時間，對我來說，那是一片光明。在照護父母時，瞭解父母的狀況並沒有急速變差，也不是一味衰退，就可以讓心情保持餘裕。

做不到的時候，可以說「做不到」

目前照護父母的人，有朝一日，也可能需要他人的照護。到了那個時候，關鍵在於把自己的價值放在哪裡。

即使已經沒能力做很多事，或是轉身就忘記前一刻的事，只要不把一個人的價值放在生產力上，就知道自己並沒有失去價值。受人照護時，也是對家人覺得「對他人有貢獻」有所貢獻，所以不需要認為自己一味給家人添麻煩。

雖然有人覺得「自己需要別人照護，變成了麻煩製造者，只要我死了——」為此鬱鬱寡歡，但有時候在當事人真的死了之後，家人就變成了一盤散沙。這代表他其實是促使家人團結的巨大力量。

今後，需要照護的人越來越多，搶先一步需要他人照護的人不需要感到自卑，也不需要因為感到抱歉而覺得抬不起頭，不妨努力成為被照護者的良好榜樣。

就好像嬰兒不會因為需要父母的照顧感到難為情，任何人都可以落落大方接受別人給予的東西。即使需要他人照護，也可以活出讓周圍人覺得「看起來很快樂」、「被別人照護或許也不錯」的人生，這也是對他人的貢獻。

有些人在接受別人照護時，會覺得自己矮一截，但也有些人會盛氣凌人地強人所難。當別人無法在他想要的時機，提供他想要的照護方式，或是無法提供援助時，就會大發雷霆。

這種人往往沒有意識到自己並不是共同體的中心，不是獨立的「大人」。於是就成為麻煩製造者，試圖吸引周圍人的注意和關心，成為共同體的中心。

其實這些人往往是因為無法接受自己需要照護這件事，才會表現出這種態度。任何人一開始可能都無法接受，自己遇到相同的狀況，可能也會有同樣的舉動——只要能夠設身處地這麼想，就不會為此生氣。

照護者對於被照護者的要求基本相同，就是希望被照護者是獨立的大人，擺脫用生產力來決定價值的思考。除此之外，**對做不到**

的事有表達「做不到」的勇氣。

對照護者來說，最傷腦筋的就是被照護者不承認自己「做不到」。以排泄問題為例，對負責照護的家人來說，比起被照護者堅稱自己「沒問題」，卻大小便失禁，承認自己「我不太行，拜託你幫忙」當然更輕鬆。

我的父親並不排斥我為他清理大小便，我希望自己也能夠做到像父親那樣。但是在我自己住院時，自己無法飲食，需要護理師用湯匙餵食時，還是會覺得有點難為情。看來必須實際發生時，才知道自己是否能夠做到。

經歷了一件事之後，我覺得如果是由兒女照護，也許沒必要感到排斥。

我曾經下樓梯時踩空，扭到了腳，走路必須拄拐杖，一個人沒辦法上下樓梯。這時，兒子不經意地走過來，讓我扶他的肩膀。我覺得像這樣「接受別人的一臂之力」很暢快，心情也很愉快。

我生性不喜歡麻煩別人，說起來，我情願自己爬上樓梯，所以應該不會主動要求兒子借我扶一下，但別人願意伸出援手，而且自己也願意坦誠地接受別人的幫助很重要。

叔叔・阿姨心理學

父親在罹患失智症之前，曾經對我說：「我想接受你的心理諮商。」我們每個月在京都車站見一次面，花好幾個小時的時間一邊吃飯，一邊聽父親傾訴對日常生活中的不滿。

再過幾年，我就和父親當年接受我心理諮商時的年紀相同，但是，即使我再怎麼煩惱，應該也不會要求兒子聽我傾訴。

當然，這也要等實際遇到時才知道結果，我認為父親很有勇氣，能夠說出內心希望別人為他做的事。親子或家人的關係太親近，而且有複雜的利害關係，原則上不會為家人做心理諮商，但當年我和父親之間能夠冷靜交談。也許該慶幸我和父親之間的關係有點疙瘩，感情比較疏離，所以能夠保持適當的距離感。

有時候即使難以向父母啟齒，但面對祖父母等稍微有點距離的家人，或是**阿姨、叔叔等有適當距離的親戚，就很容易傾訴，對方也比較能夠冷靜傾聽**。阿德勒心理學也被稱為「叔叔・阿姨心理學」，因為阿德勒心理學的宗旨，就是面對他人時，要保持適當的距離感，不隨意干涉彼此的問題。

在照護或是被照護的問題上感到煩惱，或是遭遇困難時，不妨和這些立場的人討論。即使是父母、兒女，也不妨努力維持「叔叔・阿姨的心理」，或是「外甥、侄女的角度」交談，或許也不失為一種方法。

所謂叔叔・阿姨心理，就是即使想要助對方一臂之力，也會認同和接受對方是獨立的個體。無論對方丟過來什麼球，都不要批評「這樣不對」，而是用「原來是這樣」的態度接受。即使無法贊成，也可以努力理解。理解和贊成是兩回事。不妨在理解的基礎上建立良好關係，再提議「你要不要試試這種方法？」

即使認為「照護這種事離我很遙遠」的人，也可以從現在開始練習這種接球的方式。

第八章

以「我們」為主詞思考

退休後的煩惱是人際關係的煩惱

日本是世界首屈一指的長壽國家，男女的平均壽命都超過八十歲。中國唐朝的詩人杜甫認為人生活到七十歲，就稱為「古來稀」，目前日本每五個人中，就有一個人超過七十歲。

許多人都希望自己長壽，事實上，老後的人生的確變長了，但並不是所有人都能夠歌頌自己的長壽。尤其有些人退休離開職場後，一下子變老，而且身體狀況也出了問題。

生活節奏一下子發生巨大改變固然是原因之一，但有些人無法充分享受退休後的人生，關鍵在於人際關係發生了變化。退休之後，會失去很多以前藉由工作建立的關係，又無法順利建立新的人際關係加以取代那些舊關係，就造成很大的問題。

阿德勒說，所有的煩惱都是人際關係的煩惱。退休後的煩惱也是人際關係的煩惱。

最近，當我走進社區圖書館，發現退休後的男人人數比小孩子更多。這些人不和任何人打招呼，也不是在查什麼資料，只是坐在那裡看報紙，或是隨手翻翻新出版的書籍，也有人坐在窗邊的椅子上打瞌睡。

經常去圖書館，滿足求知欲當然是一件健全的事。光是走去圖書館，就比在家裡無所事事更健康。

但是，並不是所有人對經常去能夠滿足求知欲的圖書館感到雀躍。有些人在退休後無法建立新的人際關係，在家裡也找不到自己的容身之處，於是前往不需要和任何人說話的圖書館作為避風港。其實這種人很渴望和他人建立關係。

阿德勒在《阿德勒心理學講義》中提到：

「我們的周遭還有別人，我們生活在和他人的關係之中。」「人」的日文是「人間」，代表任何人都生活在人和人之間，生活在和他人的關係之中。即使在深山離群索居的人，也未必不在意住在山下老家的人，並不會覺得所有人忘記自己都無所謂。住在山下的人，也會在意那個像仙人一樣住在山上的人。從這個角度來說，這個世界上沒有任何人和別人沒有關係，能夠一個人活在世上。

阿德勒在這本書中還指出，「如果有人獨立生存，想要處理問題，應該就會滅亡」。不光是因為生物單獨生存時很弱，如果失去和他人之間的關係，就無法活得像一個「人」。

放下名爲「生產力」的價值觀

一旦離開工作崗位，兒女也差不多在這個時候成家立業，家裡就只剩下老夫妻兩人。當另一半也離開了人世，就必須開始獨居生活。這種時候，要和誰建立怎樣的關係？這個問題和身體健康一樣，不，比身體健康對生活品質的影響更大。

退休之後，無法順利建立新的人際關係的理由之一，就是無法放棄把「生產力」作為判斷一個人價值的標準，不要總是用能不能做到某件事，來判斷人的價值。

在職場上，必須和他人競爭，必須視做出多少成果，決定地位和職位高低，所以無法擺脫和他人進行優劣的比較。在這種職場環境廝殺多年，就會在不知不覺中，用生產力衡量自己的價值。

工作期間產生的壓力、煩惱，以及和他人之間的摩擦，都來自這種判斷標準。好不容易退休，覺得「終於可以擺脫工作的壓力了！」如果不拋開生產力至上的價值觀，退休之後，仍然會感受到相同的壓力。既然已經離開職場，首先要有意識地拋開名為「生產力」的價值觀。

如果無法做到這一點，即使投入自己的興趣愛好，或是參加社區的活動，挑戰新事物時，也會覺得「我是新加入的，無法幫上任何忙」，或是「大家都很厲害，只有我不會很無趣」，在開始之前，就為自己潑了冷水。有些人無法擺脫以前的價值觀，把上下關係和身分地位帶進參加者以平等的立場共同合作的公益活動中，讓人敬而遠之。

一旦無法在外面找到自己的容身之處，就很容易整天窩在家裡。日復一日，在家裡無所事事，因為之前整天忙於工作，很少做家事，所以即使在家，也無法立刻在家事上幫上任何忙。

這樣也就罷了，如果還對家人做事指手畫腳，「做事太沒有章法」、「如果考慮一下做事情的優先順序，不是可以更有效率嗎？」自以為還是上司，就會被家人討厭，結果在家裡也找不到容身之處。

很多男人在退休後嘆息，「離開工作之後，我什麼都沒了」。無事可做，無處可去，只有「怎麼會這樣？」的憤慨，和「這樣下去不行」的焦躁。

之前曾經流行一句話，叫做「淋濕的落葉」，形容那些太太準備出門時，就說「我也要去」，無論太太去哪裡都要跟的男人。因為被雨淋濕的落葉想甩也甩不掉，所以用這種方式來形容那些男人。

當然也有人歌頌退休後的第二人生，開始投入以前工作時無暇參與的興趣愛好，認識新朋友。到底要成為長滿枝頭的嫩葉，還是變成落葉？「勇氣」決定了這兩種不同的結果。

不要害怕與他人之間的摩擦

阿德勒說，「只有認為自己有價值時，才能產生勇氣」。阿德勒說的勇氣，有兩種意思。

第一，**就是面對課題的勇氣**。為什麼需要勇氣？因為一旦面對課題，就會看到明確的結果。那些擔心真的會出現某種結果，或是擔心結果不如人意的人，就不敢面對課題。

比方說，父母對不讀書的孩子說：「其實你很聰明，只要認真讀書，就一定會有好成績。」但是，孩子聽了之後，並沒有開始認真讀書。因為他不想面對即使認真讀書，也沒有好成績的現實，情願活在「只要我努力，就可以做到」的可能性中。

退休後，挑戰新事物也一樣。「我只要去做，就一定可以做到，只是我現在不做而已」，這種態度只是逃避自己可能做不到的現實而已；認定「這種事，做了也是白費力氣」、「根本不值得去做」，也是逃避課題的藉口。

無論任何事，如果不著手去做，就永遠無法開始。雖然有可能做不到，但即使這樣，也只能將「做不到」的現實作為出發點。如果一直活在「只要我去做，就一定可以做到」、「我以後會做」的可能性中，永遠無法走出一條自己的路。

阿德勒指出的另一個勇氣，就是**建立人際關係的勇氣**。一旦和他人產生交集，就無可避免地會產生摩擦，也可能被人討厭、憎恨，甚至遭到背叛。

有不少人為此感到害怕，認為「與其被人討厭，與其自己受傷，還不如不要和別人有交集」，揚言「和鄰居交往很麻煩，沒有任何好處」，也是佐證沒有勇氣建立人際關係。

雖然阿德勒說，「所有煩惱都是以人際關係的煩惱」，但只有從人際關係中，才能得到生命的喜悅和幸福。

年輕時，為什麼想要和交往多年的男朋友或是女朋友結婚？一定是覺得和他（或她）在一起，可以得到幸福。即使事後才發現，當初的決心是天大的錯誤。

任何人都活在和他人的關係中。**一旦斷絕和他人之間的關係，就沒有幸福。**

如果希望老後的生活幸福，就必須具備建立人際關係的勇氣。當然，不需要建立那種基於人情，自己並不想結交的人際關係。相反地，應該遠離人情和世間的束縛，珍惜和真正重要的人之間的關係。

喜歡自己真實的樣子

為了建立這樣的人際關係，最重要的是，必須認為「自己有價值」。因為只有認為自己有價值，才會想要和他人建立人際關係。但是，一直將生產力視為獨一無二價值的人，一旦離開了成為生產力源泉的工作，就看不到自己的價值。

其實，退休後失去的只是任職的公司、職務和頭銜而已。隨著年紀的增長，即使各種衰退越來越明顯，身為一個人的價值並沒有減少。

認同真實的自己的價值，喜歡「眼前」、「當下」的自己——為此，需要改變對價值的認識。生產力並非沒有價值，但生產力並不是唯一的價值。

公猴為了誇示自己的優勢，會跳到其他公猴的背上，稱為跨騎行為。

「你做什麼工作？」「在哪一家公司任職？」「之前讀哪一所大學？」有人第一次見面時，就問對方的學歷和工作，也屬於相同的行為，藉此明確自己和對方的上下、優劣關係，決定和對方說話時的用字遣詞等對待對方的態度。

這種行為完全來自虛榮心和自卑感，一直緊抓著過去榮耀不放的樣子很難看。

我們要認同真實的自我價值，喜歡自己，如果覺得一下子很難做到，不妨先從改正這些行為開始。只要努力避免比較彼此的過去，而是關注對方目前的狀況，遇到初次見面的人時，發問和聊天的內容就會不一樣。

疾病也可以創造讓我們發現生產力並不是唯一價值的契機。我有一位朋友正值壯年，在公司健檢時發現自己得了胰臟癌。因為早期發現，他撿回了一命，但他很快就辭去了工作，目前開著露營車，在日本各地旅行。

我相信疾病讓他認真思考了在自己人生中，最值得珍惜的價值。雖然有些人生了病之後仍然沒有改變，但如果能夠將生病視為認真思考人生價值的契機，之後的人生一定可以看到一片新天地。

無論活到幾歲，都可以改變

有一個年輕人，在進公司短短一個月就辭職了。他辭職的理由之一，是因為公司要求他四處上門推銷。上司當然不期待剛進公司的新人能夠順利簽約，但這是高學歷、自認是菁英的他人生中第一次遭遇挫折。

這並不是他辭職唯一的理由，另一個理由是，他覺得職場的前輩和上司「看起來並不幸福」。

每個人的人生都很獨特，和他人比較，或是模仿他人沒有意義，但是境遇相似的前輩身影，可以成為思考自己人生的契機和路標。那個年輕人應該從前輩和上司的身影中，看到了自己未來的人生。

觀察一下比自己更早退休的人，思考一下那些享受人生的人重視什麼，建立了怎樣的人際關係，或許會發現一些事。

那些受到眾人喜愛的人，以前未必是公司的高階主管。比起那些目中無人的人，珍惜橫向平等關係的人更容易親近，別人也願意找他。不必觀察那些反面教材，而是尋找自己學習的榜樣，有助於思考自己的未來。

有些人雖然知道應該擺脫重視生產力的價值觀，但就是遲遲無法做到，這種人不妨下定決心換環境。可以去自己覺得好看的書中所描寫的世界旅行，如果時間充裕，也可以在那裡長期逗留，體驗異國生活。當然，即使不出遠門，只是在附近悠閒散步，也可以從和以往不同的角度觀察人生。因為無論旅行和散步，都不是為了實際目的。

人無論活到幾歲都可以改變，只需要具備「改變」的決心和「改變」的勇氣。

成功和幸福的不同

沒有人不希望老後生活幸福。雖然每個人對幸福的老後所描繪的生活各不相同，問題是有些人認為「幸福」就是「成功」。

三木清指出，「自從把成功和幸福，不成功和不幸混為一談之後，人就無法理解真正的幸福是什麼？」

三木在《人生論筆記》中，用以下這種對比的方式，談論了成功和幸福的不同。

通常認為所謂成功，就是「直線向上」，但幸福原本「並不是進步」。幸福「很獨特」、「每個人的幸福標準不同」，但成功則是「很普遍」、「可以量化」。

普通、可以量化的成功會遭到模仿，也有人會跟風。最典型的例子，就是有一本書暢銷後，就會接連出現很多書名相似的書。成功會讓人覺得「我也可以做到」、「我可以做得更好」，因此，成功容易招致嫉妒，嫉妒的人也往往「把幸福和成功混為一談」。

但是，每個人真正的幸福都很獨特，他人無法模仿。之所以覺得「他看起來很幸福，真羨慕」，並不是看到他的幸福，而是注意到他的成功。

三木認為，成功與「過程」有關，幸福則是「存在」的問題。

在經過各種過程，達到目標後，就獲得了成功，「成為」成功者，但人並不是「得到」幸福。雖然我們會說「想要得到幸福」、「希望你得到幸福」，**其實人的存在本身，活著本身就是幸福，不管成不成功，人都已經是幸福的狀態。**

在《人生論筆記》談論幸福的章節中，有這樣一段文字。

「幸福是人格，能夠像脫掉外套一樣，隨時都能夠輕鬆捨棄其他幸福的人，是最幸福的人。但是，一個人不會捨棄真正的幸福，而且也捨棄不掉。因為一個人的幸福和他的生命一樣，已經和他合而為一了。」

雖然可以脫掉虛假的幸福，但真正的幸福無法捨棄。三木強調說，「只有把真正的幸福當作武器奮鬥的人，即使死了也仍然很幸福」。

活著就是對他人有所貢獻

我曾經去母校的高中演講，演講的題目是「如何靈活運用自己的才華，如何走未來的人生路」。我在演講中提到，不能將才華只用在自己身上。

正如本章一開始曾經提到，任何人都無法獨立生存，而是活在和他人的關係中。只有在人際關係中，才能夠感受到生命的喜悅和幸福。即使再有才華，如果無法在人際關係中對他人有所幫助，就無法獲得生命的喜悅——也就是說，「對他人有所貢獻」才是真正的幸福。

阿德勒說，只有認為自己有價值時，才有勇氣建立人際關係，他還說，「只有自己的行為對共同體有益時，才認為自己有價值」。

任何人聽到別人針對自己的行為說「謝謝」、「多虧了你」，都會感到高興。有些人在退休後，無法肯定自己的價值，也許是因為無法確信自己的行為對共同體有益，或是根本不想對共同體有益。

做任何事都以受到他人感謝為目的，將此視為成果的人其實只關心自己。重要的是不管有沒有受到他人的感謝或肯定，都必須認真思考自己該如何做出貢獻，他人和共同體有益。

雖然阿德勒說「自己的行為對他人有益時，認為自己有價值」，但其實並不限於行為，因為我們**活著，就是對他人有所貢獻**。

不要視為過去的延續

如果能夠為他人的幸福靈活運用自己的存在和才華，也就同時成為自身的幸福。不妨首先有意識地從離自己最近的共同體開始做起。

夫妻是最小的共同體之一。退休之後，相處的時間增加，貢獻的機會當然也更多。

但是，即使成為共同體的歷史很長，在忙於工作和育兒時，雙方都分身乏術，很多夫妻很少好好聊天，或是一起做什麼事。突然面對只有夫妻兩人的生活，太太往往會感到不知所措。以前，電視廣告中「老公最好身體健康，但最好別在家」這句話曾經成為流行語，至今仍然可以聽到這種說法。

有些夫妻甚至最後無法和解，走上熟年離婚一途。其實這種夫妻並不是無法和睦相處，只要發揮一點訣竅，雙方共同努力，完全有可能再度心靈相通。

訣竅之一，就是不要把「目前」視為過去的延續。夫妻兩人以前過著怎樣的人生，對日後和睦相處沒有任何影響，也不會是任何問題。也就是說，以前是以前，以後是以後，**不要認為夫妻一起生活多年，「我對他（她）的一切都很瞭解」**。

當然，生活多年後，彼此的確能夠瞭解很多事，但夫妻終究是他人，不要過度相信，必須不斷自問，自己是否真的瞭解對方。如果能夠帶著「可能我並沒有真正瞭解他（她）」的態度和對方相處，也許會有驚人的發現，也可能看到以前完全不曾注意的事。

亞里斯多德說：「哲學從驚訝開始。」思考「為什麼？」是哲學的出發點。

人際關係也一樣。男女雙方剛開始交往時，會驚訝地發現「原來他（她）在想這些」、「原來她（他）會有這樣的感覺！」也曾經為瞭解到這些事感到喜悅。但是，結婚之後，當朝夕相處成為常態後，對另一半的關心和驚訝也漸漸淡薄。如果能夠像第一次見面那樣，用新鮮的眼光和心思看待對方的言行，找回當年的驚訝，和驚訝帶來的喜悅，就能夠避免熟年危機。

為此，必須卸下夫妻的面具，要決心卸下丈夫或妻子的面具，以一個活生生的人的身分和對方相處。

第一件事，可以不要再以「爸爸」、「媽媽」來稱呼對方。在結婚之前，應該不會用這種方式稱呼彼此，這只是角色的名稱，並不是人格。只要稱呼改變，就可以看到許多戴上角色面具時看不到的事。

同時，對於對方的任何言行，也不要不耐煩地覺得「又來了」。男人在退休後想要挑戰新事物時，很容易流於「形式」。

可能突然買一台高性能的昂貴相機，或是買一整套初學者根本不需要的器具。即使花了大錢投資，卻三天打魚，兩天晒網，很快就放棄了。

這種時候，如果太太覺得「又要學什麼了嗎？」、「每次都持續不了多久」、「你這個人很容易放棄」，就難免會生氣，不妨換一個角度想。

「他很有決斷力。」

「他做事很懂得隨機應變。」

必須有決斷力，才能夠在認為不適合自己時放棄。從不同的角度看待同一件事，換一種方式表達，心情就會不一樣，也會看到不同的面向。

阿德勒告訴我們「人生的意義」

夫妻是共同體。如果缺乏這種意識，卸下夫妻的面具、從不同的角度看對方這些訣竅就失去了意義。阿德勒曾經說：「我們只能藉由愛他人，才能擺脫以自我為中心」，只有愛他人，才能夠建立「共同體感覺」。

共同體感覺，就是不以「我」為主詞思考事情和人生。當以「我」為主詞思考時，就會帶著「他會為我做什麼？」的想法，和共同體內的其他人對峙。一旦對方無法滿足自己的期待，就會大發雷霆，或是在對方面前發洩自己的不滿，造成彼此的關係惡化。

重要的是，**在思考是否能夠不以「我」，而是把「我們」作為主詞**。當可以把「我們」作為主詞思考後，就會進一步思考「我能夠為我們做出什麼貢獻」。

希望丈夫（妻子）可以這樣那樣——這些都是以「我」為主詞的想法。如果能夠認為即使對方什麼都不做，只要好好活著，能夠生活在一起，就是「我們」的幸福，就是對彼此有貢獻，夫妻關係就可以改變。

阿德勒心理學提倡的是貫徹合作原理的「橫向」人際關係。在橫向關係中，即使每個人不同，所有人都是平等、對等的關係。阿德勒心理學建立在這種想法的基礎上。一個人無法獨立生存，也無法得到幸福，只有和對等的他人共處，才能夠完整。

阿德勒所說的共同體並不只限於夫妻、家人、朋友和地區的概念，而是擴及人類，以及宇宙整體。但是，即使是無限擴張的共同體，都始於「我和你」這個最小單位的共同體。除了老後一起生活的夫妻，和生活中的其他人相處時，也要努力用「我們」的方式來思考。

觀察全世界，當然日本國內也有許多排他的言行和紛爭，所有紛爭的根源，都是因為偏離了人類「和他人共生」的本質，以自我為優先。

「人生的意義在於貢獻、對他人的關心，和合作。」

我認為阿德勒這句話是解決從退休後的夫妻關係，乃至難民問題的關鍵。

第九章

將「年老的幸福」傳遞給下一代

心情愉快地度過每一天

想要幸福，追求幸福之道和生活方式的指南，首先必須思考「幸福是什麼？」這個問題。

人生是什麼？人類的幸福又是什麼？——這是自古希臘時代以來，哲學的中心課題，也是永遠的課題。是人生在世，必須持續面對的問題，而且要回答這個問題並非易事。

但是，人類對於幸福並非一無所知。因為我們不可能試圖瞭解一件根本不知道的事。即使認為「我現在很不幸」的人，正因為曾經有過幸福的瞬間，才會這麼想。因此，即使曾經體會過幸福，卻沒有發現那是幸福。

幸福就像是空氣。就像我們平時不會意識到空氣的存在，也不會發現自己很幸福。

前面曾經提到，三木清認為幸福是「存在」的問題。人並不是「得到」幸福，而是本身就是幸福。能夠發現這一點的人，就可以幸福。

三木清說，「幸福就是力量」。這並不僅是內在的力量，真正的幸福就像鳥兒歡啼歌唱，「自然而然地顯現在外，讓他人也同時幸福」。真正的幸福不是他人難以察覺的「內在幸福」，或是只有獨自幸福，而是具有感染周圍人，讓周圍人也同時幸福的力量。

幸福會以何種形式顯現在外？三木首先列舉了**「心情愉快」**這一點，但並不是忍不住跳起來的興高采烈，而是情緒很平靜、穩定的愉快。

有些人一大早就心情不好，板著一張臉。這種人不僅毀了自己的一天，也會讓必須小心翼翼和他接觸的人心情也跟著不好。人生在世，難免會遇到不開心的事，但即使心情受到影響，整天板著一張臉，事態也無法獲得改善。如果希望老年幸福，首先必須做到心情愉快地迎接每一天，心情愉快地度過每一天。

三木在書中提到，**幸福也會表現在「恭敬有禮」、「親切」上**。別人有事拜託時，是否都能夠彬彬有禮地回應？寫信時，是否能夠用恭敬的詞句，充滿真心誠意地寫下自己的心意？

當因為生活忙碌，或是心裡惦記著什麼事，心情很容易浮躁，對待他人的態度也會敷衍。當家人要求「稍微幫忙一下」，也會覺得很不耐煩，回答「等一下」、「我正在忙」時，無論態度和語氣都會變得很冷漠。如果不是在忙緊急的事，或是自己疲憊不堪時，不妨帶著稍微撥一點時間給其他人的心情，努力有禮貌地回應別人的要求。

當他人尋求協助時，盡力幫忙就是一種「親切」。當然，自己未必有能力回應所有的要求，但盡力幫助，想要幫忙的態度很重要。幫助他人時所感受到的幸福，也可以傳達給受幫助的人。

「他人尋求協助時」這個條件很重要。當覺得他人可能需要幫助時，主動詢問：「是否需要幫忙？」、「需要我幫忙時說一聲。」是一種親切，但擅自認為「他一定希望我這麼做」，就會惹人討厭。

不要干涉別人的事

三木最後列舉了**「寬容」**也是顯現在外的幸福證明。寬容就是能夠接受與自己的想法、價值觀不同的人。

即使是親子，即使是關係融洽的朋友之間，有時候想法也未必完全相同。因此，我們必須隨時思考，當彼此想法不同時該如何應對。

寬容並不等於贊同與自己不同的意見，既不是否定對方的意見，認為「你錯了」，或是「這樣不對」，也不是放棄自己的想法，同意對方「你說的沒錯」，而是理解他人的想法。至少要努力理解，接受彼此的不同。

但是，要實際做到這一點並不容易。要做到對所有人寬容這一點，比保持心情愉快、有禮貌和親切更加困難。

我們難以做到寬容的原因之一，就是無法做到「課題分離」。比方說，看到兒女或是孫子選擇了自己難以理解的出路時，該如何處理？即使為他們的未來感到擔心，如果對他們說教「我勸你趁早放棄」、「社會沒這麼好混」，即使說教的內容完全正確，年輕人也不會接受。或者說，說教內容越正確，年輕人越不會接受。這種態度就是干涉了別人的課題。

人際關係之所以會發生問題，就是因為干涉了別人的課題。我們當然可以表達自己的想法，而且有時候必須明確表達想法，但這種時候，必須事先問對方：「我可不可以說說自己的想法？」而且，即使自己說出了想法，對方也未必接受。

以選擇未來的出路為例，所謂寬容，就是接受兒女和子孫的選擇，決定默默守護他們，相信他們能夠靠自己的力量解決自己的課題。

不光是家人，如果**想要和他人建立信賴關係**，**首先必須主動信賴對方**。相信對方需要勇氣，許多人擔心可能會遭到背叛，基於這種猜疑心，害怕相信他人。但是，如果害怕遭到背叛而不敢相信他人，無法建立深厚的關係。

有禮貌的態度和親切也一樣。不要等到對方展現親切的態度之後，自己才親切待人，而是自動親切待人。不必追求禮尚往來，在付出之後，不要期待對方回報。即使對方沒有任何回報，也要樂於付出。

「還有什麼比自己幸福，更能夠報答我們所愛的人？」

三木在談論人類幸福的文章中指出了這一點，自己幸福是對別人最大的貢獻。

即使上了年紀，仍然每天心情愉快地好好過日子，待人親切，過得很幸福，一起生活的家人也會感到幸福。只要不失去寬容的心，也許孫子願意主動傾訴煩惱。

成為周圍人眼中「想要和他聊一聊」的爺爺、奶奶，也是一種幸福老後的形態。

小孩子不是從大人「說的話」中學習，而是從大人「做的事」中學習。不妨讓家人或是比自己年輕的人看著自己的身影和生活方式，能夠覺得「原來像他那樣生活，就可以很幸福」、「如果我上了年紀之後，也能夠像她一樣，變老似乎也不壞」。

正如三木所寫，「真正的幸福是自然而然地顯現在外，讓他人也同時幸福」。

即使意見不同，也要持續思考

前面談到了有些人整天板著臉，這些喜歡向別人訴苦，或是整天表現出不悅的人都有目的，那就是希望受到他人矚目。

和這種人相處時，千萬不能注意到他的不悅。這種時候，只能假裝沒看到。因為任何人都不可能一直不高興，只要等他心情好的時候再和他打招呼就好。對方知道別人並不會在意他不高興，就知道板著臉根本沒有意義。

無論家人還是朋友，相處一久，就會產生「即使不用說出來，對方也會瞭解」的天真想法。

去年，「忖度」這兩個字獲得日本流行語大獎，日本的文化將貼心、關心等揣測別人的言外之意後採取行動視為美德，設身處地為對方著想當然很重要，但不要以為即使不用說，彼此也能心領神會。那是幻想。

貼心、關心之所以會成為問題，是有人不僅如此要求自己，而且也會要求別人。也就是說，他們認為即使不用說出來，只要自己板著臉，別人就會發現，就必須關心自己。

如果有不滿，就必須說出來。當板著臉的時候，別人或許知道你不高興，但並不知道你為什麼事感到不高興。

一種米養百種人，每個人對事物的看法和感受不一樣。即使是家人，也**必須用言語表達彼此的想法和感受，否則別人就無法瞭解**。

瞭解自己的感受方式、價值觀和思考方式並非唯一絕對，每個人有不同的想法。只要在這種前提下和他人相處，就是接受多樣性，也就是一種「寬容」。但是，觀察目前的世界，會發現這個世界正急速失去成為幸福表現之一的寬容。每天看到新聞中報導的政治、宗教衝突和紛爭，歸根究底，都是源自否定多樣性的態度。

即使遇到不同意見和反對意見，要做到持續思考並不是一件容易的事。之所以有人囫圇吞棗地接受那些大聲叫囂、潦草廉價的世界觀和假新聞，採取排他的態度，是因為這麼做很輕鬆，不需要自己動腦筋思考很輕鬆。

如果不深入思考，就試圖解決問題，往往會仰賴「力量」。最典型的例子就是戰爭，還有鎮壓、暴力、仇恨言論之類的言語暴力。在日常生活中，大聲吼叫，或是故意擺臭臉都是相同的示威行動。

訴諸力量的方法雖然有速效性，卻缺乏有效性。父母大聲斥責熱中遊戲，不做功課的小孩，或許能夠暫時停止父母眼中的問題行為。

至於孩子下次是否不會再犯，當然不是。如果孩子還是做同樣的事，就代表斥責這種訴諸力量的方法並沒有效。施加的壓力越大，對方就會反彈。從當今的國際問題中就可以清楚發現，這只會擴大問題。

即使訴諸力量，也無法從根本解決問題。我們在人際關係中所能做的，就是**尊重對方，接受多樣性，持續對話**。

無論對方用怎樣的態度對話，自己都要始終維持有禮貌的態度。即使對方咆哮，也用平時的態度對待；對方大哭大鬧，也不為所動。哭泣和咆哮都是示威行為。

小孩子哭鬧時，父母往往無法保持冷靜，但如果換成能夠和孩子保持適當距離的祖父母，就可以冷靜以對。有些孩子即使不願對父母敞開心房，如果祖父母能夠耐心傾聽，就可以成為孫子的避風港。

但是，維持這種「適當距離」並不容易。如果孫子不認為「爺爺（奶奶）會認真聽我說話」，就不會向祖父母傾訴。其實任何人際關係中，都有這種情況。

人在什麼時候會覺得對方「認真聽我說話」？首先就是說話不會被打斷。

不少人不顧別人話才說到一半，就自顧自地說「我大致瞭解了」、「我以前也這樣」、「我年輕時……」，開始聊自己的事。如果擅自解釋，或是用想像補充對方的字裡行間，就代表根本沒有認真聽對方說話。

除此之外，當瞭解「這個人絕對不會批評」時，也會覺得對方「認真聽我說話」。有些人以為傾訴者想要徵求自己的意見和建議，但傾訴者並不想聽到意見和批評，需要的只是能夠全面接受他說的話和心情等真實的樣子。

不要害怕被討厭

接受對方真實的樣子，就是把對方視為和自己對等的存在。當雙方是對等的關係，就不會斥責，也不會嬌寵。

父母之所以會斥責孩子，是因為沒有從對等的角度看孩子。父母會斥責孩子，也會嬌寵孩子，害怕被孩子討厭。

我在二〇一三年出版的《被討厭的勇氣》一書，書名似乎脫離了原書，自己跑出去闖天下，也招致了不少誤解。我在書中表達的並不是被人討厭也沒關係，也不是歡迎別人討厭自己，而是不要害怕被討厭。

有一句話說「對孫子的疼愛，簡直就是含在嘴裡怕化了，捧在手裡怕摔了」，但過度疼愛，往往容易嬌寵。正因為孫子很可愛，所以不想被孫子討厭，但是，即使會被討厭，該說的話還是必須說。無論對方是誰，在必要的場合，必須有指出「這樣不對」的勇氣。

必須注意一件事，如果態度強硬地認為「即使被討厭，該說的話還是必須說」，恐怕很快就會在家庭中遭到孤立。所以在說該說的話之前，必須先向對方打一聲招呼，「我可以說一下自己的想法嗎？」

我認為小孩子更應該**具備被討厭的勇氣，必須具備不怕被父母和祖父母討厭的勇氣**。

父母和祖父母必須隨時注意，自己是否對兒女或孫子採取壓制的態度，導致他們無法表達想說的話。

除了不要害怕被討厭以外，還有一件重要的事，那就是不要試圖影響他人。

在和兒女或是孫子接觸時，不可以抱著「希望他這樣」、「希望他成為那樣的人」的企圖。要走怎樣的人生路，要成為怎樣的人，必須由當事人決定，也是當事人必須面對的課題。

其實人根本無法培育他人，只能協助兒女和孫子成長，為孩子成長創造良好的環境。

比方說，即使希望孩子喜歡閱讀，買了很多書給他，孩子也未必真的會看那些書。如果家裡的書架上有很多書，有些孩子可能會產生興趣，然後開始看書，但也有的孩子還是不想看書。

我的父親並不算是喜歡閱讀的人，家裡也只有一個書架。書架上幾乎都是商業書，但其中有一本書引起了我的好奇。那是文藝評論家，也是血液學醫學博士加藤周一寫的《閱讀術》。

當時我還是中學生，曾經反覆看那本書。之後又看了作者回顧自己前半生的《羊之歌》和《羊之歌續集》，也因此對學問產生了憧憬。如果當時沒有在父親的書架上看到《閱讀術》這本書，或許現在有完全不同的人生。

雖然那本書是父親買的，但我猜想他可能並沒有看那本書，而且做夢也不會想到我看了那本書，對我的人生產生了影響。然而，有時候就會像這樣「不小心」對孩子產生影響。

像松鼠一樣培育「森林」

那是我去北海道時發生的事。早晨在散步時，突然發現樹下有什麼東西在動。仔細一看，原來是松鼠。

松鼠發現食物橡實後，就會四處挖洞，把橡實埋起來。這是牠的習性，只不過牠會忘記自己埋橡實的地點，甚至忘記自己把橡實埋起來這件事。這就是松鼠生活的地方會成為森林的原因。被松鼠遺忘的橡實發了芽，長大之後，成為一片森林。

就像松鼠遺忘的橡實成為森林，或是在我父親書架上沉睡的書引領我走向學問之路一樣，我們每個人可能在不經意之下對他人有幫助，最後培育出一大片森林。

我有時候也會忘記自己曾經在哪裡寫過文章。雖然我自己忘了，但或許對看了那篇文章的人稍微放鬆心情有所貢獻。即使罹患了失智症，忘了自己說過的話、做過的事，兒女和孫子聽了或是看了之後，可能會成為他們美好的回憶，或是人生的食糧。

即使忘記也沒關係。**只要充實地活在「眼前」、「當下」，就可以培育茂密的森林，結出可以成為下一個世代糧食的橡實**——只要這麼想，就不需要回想過去而懊惱，也不必為未來感到不安。

松鼠因為遺忘橡實而形成的是一片「森林」，神明也只在森林中出沒，而不是「樹林」，因為樹林是人工培育出來的。

每個人都是靠自力成長的森林，並不是按照父母的期待和計畫打造的樹林。父母和祖父母對孩子最大的貢獻，就是不要影響孩子這片森林的成長。

坦率承認「不知道」的勇氣

並不是隨著年紀的增長，就會自動成為出色的人，或是變成受人尊敬的老人，必須持續不懈地努力。上了年紀之後，更需要學習各種不同的知識，如果不藉由閱讀持續思考，就無法繼續成長。

即使因為上了年紀無法做很多事，只要能夠持續閱讀，就是一件幸福的事。我們必須在年歲增長的同時持續成長，累積各種知識和經驗，努力成為他人的榜樣。

在這個過程中，必須牢記一件事，那就是**不必要求自己完美**。為什麼年輕人不喜歡聽年長者說話？因為年長者說話經常不懂裝懂，說什麼「你連這種事也不知道嗎？」、「等你有了一點年紀之後，自然就知道了。」即使上了年紀，遇到自己不瞭解的事，也要具備承認自己不瞭解的勇氣。

德國哲學家卡爾・雅斯佩斯曾經說，人始終「行進在路上」（《哲學入門》）。大人必須有這種自覺，面對年輕人的問題，要有敢於說出「這件事我也不懂」的勇氣。同時，讓年輕人瞭解年長者也有不懂的事也很重要。

有不懂的事或是不瞭解的事並不丟臉。只要努力建立對等關係，展現出共同思考的態度，就能夠跨越年紀和立場，彼此都會有很多新發現。

爲年輕人超越自己感到喜悅

吉野源三郎的《你想活出怎樣的人生？》一書在推出漫畫版後，再度引起了矚目。我認為這本在戰前寫的書之所以會在現代成為暢銷書的理由之一，和書名有很大的關係。吉野源三郎並不是訓示人生該怎樣活，也不是期待別人應該這樣活，而是問「你想活出怎樣的人生」，促使讀者自己思考。

每個人的生活方式都不相同，沒必要按前輩的指示過自己的人生，更何況比起前輩，為理想主義燃燒的年輕人對人生的態度更正確。

那些變得精明圓滑而放棄人生的大人會用那些他們以前討厭聽大人說的陳腔濫調——比方說「現實會粉碎夢想」、「帶著理想過日子沒有意義」對年輕人說教。千萬不能變成這樣的大人。

我和年輕人持續兩年的對話，寫出了《被討厭的勇氣》這本書。那是我尊重年輕人優秀的知性和感性，歷經一次又一次自由討論的結晶，對我來說，是一次充滿刺激而又珍貴的體驗。

成為後進的助力，是年長者肩負的一項使命。有些人不希望看到年輕人超越自己，於是就故意妨礙，或是拒絕合作。但無論在工作上，還是研究活動，以及教育的現場，如果後輩或是學生無法超越自己，就意味著這個案子失敗。

我以前曾經花了三年時間，才終於看完原文的柏拉圖《蘇格拉底的申辯》，我的學生只花了半年多就看完了。在春天從字母開始學習的學生在暑假期間也很努力完成了很多課題，很快就培養了實力。

這是學生努力的成果，能夠協助他的成長，是我極大的喜悅。能夠對年輕人超越自己有所貢獻，是一種幸福。

哲學從五十歲開始

「做哲學」，就是瞭解即使年歲增長，努力鑽研，仍然有自己不瞭解的事，自己必須真摯地持續、持續思考。

柏拉圖說，**「哲學從五十歲開始」**。也許有人認為，到了這個年紀才開始學哲學，根本是天方夜譚。

但是，即使老了，智力並沒有衰退，而且哲學需要借助累積多年的智慧和經驗。我在五十歲時因為心肌梗塞病倒，當時我正覺得可以開始學哲學了，沒想到竟然病倒，原本以為自己再也沒機會研究哲學了，所以當時感到有點遺憾。

哲學是「熱愛知識」的意思，研究哲學的人就是「熱愛知識的人」，但並不是「智者」。在思考日後的生活方式和幸福時，務必看一些哲學書籍。

哲學並不像一般人以為的那麼難，我很推薦初學者看希臘哲學的古典作品。哲學這個名詞和哲學的概念都來自希臘，哲學的英文是「philosophy」，也是根據希臘文中的「philosophía」，未經翻譯就直接使用。

日本目前稱為哲學，以前曾經譯為「希哲學」，代表希求「哲學」的學問，由幕末．明治維新時期相當活躍的學者西周翻譯，他巧妙地將原文的意思翻譯成日文，但不知道從什麼時候開始，省略了重要的「希」字，所以就難以理解意思了。學習哲學需要熱愛知識和不厭其煩的探究精神。

在眾多希臘哲學的名著中，當然首推柏拉圖的著作。現代哲學為了避免爭論混亂，都先明確名詞定義，柏拉圖的著作是以追求定義為目的展開對話。

比方說，在討論「勇氣是什麼？」這個主題時，由文中出現的角色展開問答，但是，大部分場合都沒有答案。雖然沒有結論，但可以從問答的過程中，瞭解該從哪個角度思考問題。

只想瞭解答案的人可能會覺得這種寫作方式很不乾脆，年輕人更可能覺得不耐煩，無法繼續看下去。但是，隨著年齡的增長，有充裕的時間後，可以重拾柏拉圖的著作，好好研究，感受解讀對話過程的喜悅。

柏拉圖留下了眾多著作，其中《蘇格拉底的申辯》很值得最先閱讀。因為很短，所以閱讀起來也比較輕鬆。

《蘇格拉底的申辯》和柏拉圖其他用對話方式呈現的作品不

同，卻是一部學習人生的重要著作。柏拉圖在《蘇格拉底的申辯》中記錄了蘇格拉底被判死刑時，在法庭上進行演說的內容，可以從蘇格拉底的身影中，思考該活出怎樣的人生。

《蘇格拉底的申辯》中的蘇格拉底已經七十歲，但他精力充沛，有三個孩子，其中一個孩子還在喝奶。他酒量很好，和年輕人喝一整晚，其他人都醉倒了，他仍然保持清醒。如果他沒有被判死刑，也許可以活到一百歲。

蘇格拉底的相貌平平，但他並不在意這件事，在《饗宴篇》中出現的俊美年輕人阿爾奇畢亞得斯稱讚外表和自己完全相反的蘇格拉底。不光是阿爾奇畢亞得斯，周遭的其他人也都看到了蘇格拉底內在的美。

將「眼前」、「當下」的幸福交給年輕人

除此以外，也很推薦柏拉圖中期的對話篇《饗宴篇》和《斐德羅篇》，這兩部著作都是談論愛的主題，戀愛並不是年輕人的特權，上了年紀之後，更應該認真學習愛這個課題。《饗宴篇》在日本有很多譯本，哲學家、小說家森進一老師翻譯的譯本優秀出眾，日文也很優美。

我在學生時代，曾經參加過森進一老師主辦的讀書會。老師並沒有向讀書會的參加者收取任何費用。

我告訴父親：「有老師要教我希臘文。」父親問我：「學費是多少？」我回答說：「我沒問，但應該不用學費。」父親立刻罵我：「世界上不可能有這麼好的事，趕快打電話問清楚要多少學費。」

不需要父親提醒，其實我也很驚訝世界上竟然有人一味付出，卻不求回報，也對此感到很困惑，所以我打電話問老師，老師回答說：

「如果今後有後輩想學希臘文，你教他們就好。」

向老師學的知識無法還給老師。同樣的，兒女也無法將從父母身上得到的還給父母。我們只能將人生過程中從很多人身上獲得的東西回饋給自己的孩子、肩負下一代的年輕人，或是回饋給社會。用某種方式將自己的體驗、學到的知識，以及「眼前」、「當下」的幸福傳遞、傳達給下一代——這不正是老一代的使命，也是年老者的幸福嗎？

各位讀者，你要傳達什麼給下一代？我希望務必傳達年老的幸福。

後記

看著別人漸漸年老，可以在某種程度上想像年老是怎麼一回事，但正如寒冷的冬季無法感受夏天的酷暑，酷暑的夏日也難以體會冬天的寒冷，有些事，必須在自己真正老了之後才能夠瞭解。

既然這樣，就沒必要年紀輕輕就為老後擔憂，也不必認為老了之後，就一味只有壞事。雖然我們無法避免自己老去，但任何人都不知道未來會發生什麼事，所以只要思考如何迎接老後生活就好。

我在書中也引用了精神科醫生神谷美惠子在日記中說的話。那時候，神谷正在寫一本《關於人生的意義》的書，正如她自己所說，書中的文字「無論切開哪裡，都會迸濺出我的鮮血」，神谷在那本書中所寫的都是她本身活生生的經驗。

「能夠充分運用所有過去的經驗和學習的知識，並加以整合，是多麼令人感動。我每天都會思考這件事，每次思考，都會充滿深深的喜悅。」

這是她對自己投入的工作的感想，但我認為她精確地表達了年歲增長這件事的意義。

隨著年齡的增長，能夠將以往人生中體會過的經驗「加以整合」，是莫大的喜悅。因為以往的所有經驗都可以成為糧食，在日後獲得成長。

神谷在書中寫道「充分運用所有過去的經驗和學習的知識」，過去的經驗也包括了痛苦的事。

神谷在年輕時，她的男友不幸身亡，對她造成了極大的打擊，也失去了生命的動力。不久之後，她把悲傷的經驗化為動力，專心投入痲瘋病的治療，花了好幾年的時間，完成了《關於人生的意義》這本書。

這本《關於人生的意義》中，引用了「遭遇共度未來人生的男友死去的女生寫下的日記」，其實那是神谷自己寫的日記。

「對我來說，人生絕對、絕對不會再恢復以前的樣子。啊，我以後該怎麼過日子，到底該為什麼而活下去？」

但是，神谷並沒有一蹶不振。

「要化悲傷為力量，展翅高飛。不要在悲傷和痛苦中停滯不前，而是要淨化自己、磨練自己，讓自己變得更溫柔。」

活得久，就會經歷很多痛苦和悲傷的事，神谷分享了充分運用這些痛苦和悲傷的事，繼續活下去的勇氣。

學生時代，拉丁文的課本上有一句話「任何人在死之前都不幸福」。我把這句拉丁文翻譯成日文，老師問我是否瞭解這句話的意思，我一時詞窮。

老師聽了我不得要領的回答後，露出難過的表情搖了搖頭。

「任何人只要活得久，就必須和心愛的人離別。」

之後，我年輕時就失去了母親，終於瞭解老師那句話的意思。

後來，我知道自己在拉丁文課上翻譯的這句「任何人在死之前都不幸福」的話的出處。古希臘的政治家梭倫這麼說：

「活得久的人必須目睹許多不想看的事，也會遭遇根本不想遇到的事。」

「只要活在世上，沒幾個人能夠幸福。」

我並不同意梭倫說的話。

對古希臘人來說，不降臨人世是最大的幸福。一旦降臨人世，盡可能早死是僅次於不降臨人世的幸福。

年歲增長，活得很久時，的確會像梭倫所說，遇到「不想遇到的事」。但是，即使因為變老，遭遇了這些不想遇到的事，也不會因為經歷這些事而變得不幸。雖然隨著慢慢變老，身體機能也會逐漸衰退，但並不會因此帶來不幸。

正如我在書中提到的，三木清說，成功是過程，幸福是一種存在。幸福和成功不同，並不是非要達到某個目標。幸福是一種存在，人不是「得到」幸福，而是活著本身「就是」幸福。

也就是說，和梭倫所說的不同，並不是只要活在世上就無法幸福，而是眼前、當下就是幸福。

這正是人的價值，並不是要達到什麼目標。即使老了之後，沒有能力再做年輕時可以做到的事，也絲毫無損於一個人的價值。

即使年輕時，認為自己的價值在於能夠做到什麼，上了年紀之後，也不會再覺得那種事有任何價值。我們無法避免身體的衰老，但認為活著本身就有價值的人，不會避諱年老這件事。

有了一定年紀之後，未來的人生路無法再長久持續，所以，凡事不要延宕，著手去做目前想做的事、有能力做的事，於是，就能夠感受到活在眼前、當下的喜悅，這也是年老的特權。

話雖如此，仍然有很多人會對未來感到不安。我每次都會想起聖・修伯里說的話。

「要告訴自己，別人能夠做到的事，我也一定可以做到。」

雖然不知道更老之後，或是年老盡頭的死亡是怎麼一回事，但有一件事可以確定，自己並不是史無前例第一個死亡的人。

如果本書能夠有助於年輕人期待自己變老，同時讓目前已經年老的人感受到和年輕時不同的喜悅，產生生命的勇氣，將是我最大的榮幸。

多虧橫田紀彥先生、桑田和也先生和大旗規子女士不遺餘力的協助，本書才能順利誕生，在此表達由衷的感謝。

岸見一郎

二〇一八年二月

國家圖書館出版品預行編目資料

變老的勇氣 / 岸見一郎著；王蘊潔譯 . -- 初版 . --
臺北市：平安文化，2018. 12 面；公分 . --（平安叢書；第 619 種）（UPWARD；097）
譯自：老いる勇氣
ISBN 978-986-97046-3-2（平裝）

1. 老年 2. 生活指導

544.8 107018591

平安叢書第 0619 種
UPWARD 97

變老的勇氣

老いる勇気

作　　者—岸見一郎
譯　　者—王蘊潔
發 行 人—平　雲
出版發行—平安文化有限公司
台北市敦化北路 120 巷 50 號
電話◎ 02-27168888
郵撥帳號◎ 18420815 號
皇冠出版社（香港）有限公司
香港銅鑼灣道 180 號百樂商業中心
19 字樓 1903 室
電話◎ 2529-1778　傳真◎ 2527-0904
總 編 輯—許婷婷
責任編輯—蔡維鋼
美術設計—王瓊瑤
著作完成日期— 2018 年
初版一刷日期— 2018 年 12 月
初版七刷日期— 2024 年 03 月
法律顧問—王惠光律師

讀者服務傳真專線◎ 02-27150507
電腦編號◎ 425097
ISBN ◎ 978-986-97046-3-2
Printed in Taiwan
本書定價◎新台幣 300 元 / 港幣 100 元